律令国家と斎宮：斎宮跡と土地利用

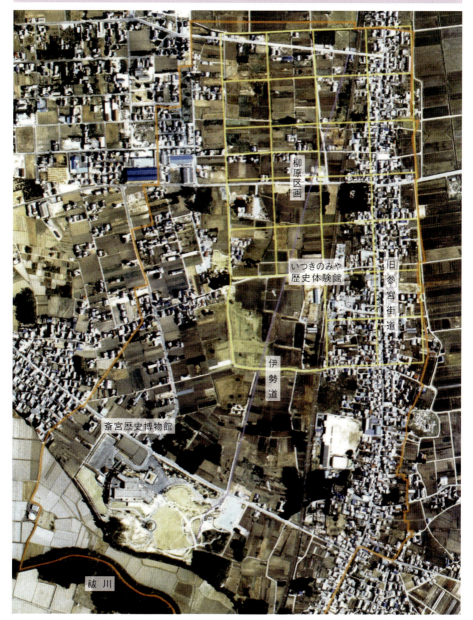

斎宮跡航空写真

　斎宮跡は，洪積台地上に造営され，史跡は東西約 2 km，南北約 700 m に及ぶ。史跡の南部には旧参宮街道が東西に通り，近世の賑わいを彷彿とさせる町並みが息づいている。史跡内には，畑や林が広がり，伊勢道や方格地割の痕跡が残されている。

■ 律令国家と斎宮：斎宮跡の建物遺構

（上）史跡西部の掘立柱塀，（下）内院区画の大型掘立柱建物

　斎宮跡の建物や塀は，すべて掘立柱で建てられている。史跡西部で確認された奈良時代前期の掘立柱塀は，南北約50mの方形区画を構成する。

　斎宮跡が，奈良時代末期に史跡東部に移動し，方格地割の鍛冶山西区画では二重の掘立柱塀に囲まれ，南北に庇もつ桁行6間，梁間4間の大型建物，大型の井戸も確認され，内院と考えられる。

律令国家と斎宮：斎宮跡と文字資料

（上）斎宮跡の陶硯，（下左）「少允殿」墨書土器，（下右）「目代」墨書土器

　斎宮は，神宮に奉祭する斎王が派遣された宮であり，斎宮寮の官衙機構も設けられ，文書も多く作成されたことは，各種の硯が物語っている。
　遺跡から出土する文字資料は，墨書土器類が主体となる。「少允殿」は斎宮寮の官職を表し，「目代」は代理人の官職を示している。

III

律令国家と斎宮：斎宮跡の保護と活用

（上）斎宮歴史博物館，（中）いつきのみや歴史体験館，（下）さいくう平安の杜全景

　三重県は，斎宮跡の保護と活用を図るため，博物館などの整備を進めている。
　斎王制度やその歴史を学習し，斎宮跡の調査・研究活動の拠点として，1989年に斎宮歴史博物館を開館した。平安時代の年中行事や王朝文化を体験できるよう，1999年に伝統的工法により寝殿造り風建物「いつきのみや歴史体験館」を再現した。これらの拠点施設に加え，2015年には，「斎宮寮庁」が確認された柳原区画に，正殿・西脇殿・東脇殿の3棟の掘立柱建物を復元し，平安時代の建物空間を体感できるようになった。

考古調査ハンドブック 13
律令国家と斎宮

駒田利治

(三重県史編集委員)

編 集

ニューサイエンス社

はじめに

　斎宮は，神宮に奉斎するため都から伊勢に派遣された未婚の皇女斎王，あるいは斎王の宮殿とそれに付属する斎宮寮を示す。斎宮は，律令国家体制のなかでは令外官として設置され，常設の組織ではなかったものの，律令祭祀とくに天皇祭祀の在り方が窺える特異な存在である。神宮が皇祖神とされ，国家神としての地位を確立していく過程において，斎王制度の変遷は天皇権力の趨勢を反映しており，その解明は古代国家の歴史的変遷と軌を一にしている。

　永らく「幻の宮」としてその実態がヴェールに包まれていた斎宮跡であったが，1970年から開始された発掘調査により，その所在が確認され，奈良時代後半から平安時代中期にいたる斎王が暮らした宮殿と斎宮寮の実態が明らかにされてきている。

　史跡東部に展開された方格地割は，都城における条坊制に基づくものであり，斎宮が律令国家の都「たけのみや」として機能していたものであることを示している。斎宮跡の建物は，掘立柱建物のみで構成され，平安時代前期以降，地方官衙でも礎石建物が採用されるようになっても，斎宮ではその廃絶まで掘立柱建物が維持され，神宮建築とも通じるところがある。

　斎宮の維持にあたっては当初神宮の財源を用いていたが，奈良時代中期からは国家財政をあてることとされた。斎宮跡の出土品もその多くが諸国から貢納される調や庸などの税物の品々で，寮庫に蓄えられた。斎宮跡出土の緑釉陶器・貿易陶磁器など貴重な品々がそれを物語り，都と同様に律令国家体制の一環をなすものであった。

　斎王として伊勢の地で神宮に奉斎された皇女のなかには，帰京後後宮となる場合もあり，律令国家における斎王の地位はすこぶる高い時期もあった。また，『伊勢物語』『源氏物語』のなかにも実在の斎王をモデルにしたとされることもあり，斎宮研究は律令国家体制の変遷とその政治・経済・文化と深い関係を有している。

2015年12月

駒田利治
（三重県史編集委員）

目　次

《口絵》斎宮跡と土地利用 ……………………………………… Ⅰ
　　　　斎宮跡の建物遺構 ………………………………………… Ⅱ
　　　　斎宮跡と文字資料 ………………………………………… Ⅲ
　　　　斎宮跡の保護と活用 ……………………………………… Ⅳ

はじめに（駒田利治）……………………………………………………… 1
目　次 …………………………………………………………………… 2〜4
執筆者 …………………………………………………………………… 4

序．律令国家と斎宮（駒田利治）……………………………………… 5〜15
　　1 斎宮の位置 ……………………………………………………… 6
　　2 斎宮跡の調査・研究 ………………………………………… 10
　　　1．斎王制度の廃絶とその後　10
　　　2．斎宮跡の考証　10
　　　3．戦後の調査研究　11

Ⅰ．斎王と斎宮（榎村寛之）………………………………………… 17〜74
　　1 斎王とは ……………………………………………………… 18
　　　1．斎王と後宮と皇后　18
　　　2．『日本書紀』に見られる「斎王」たち　20
　　　3．伊勢神宮成立伝承と斎王　25
　　　4．景行天皇紀の場合　26
　　2 斎王制度の確立過程 ………………………………………… 29
　　　1．大来皇女の史的意義　29
　　　2．持統天皇の役割　32
　　　3．8世紀前半の斎王　33
　　　4．井上内親王の斎王就任　34
　　　5．井上内親王の時代の斎宮の整備　36
　　　6．斎王制の中断　42
　　3 遷都と律令国家体制の強化 ………………………………… 45
　　　1．光仁朝の「斎宮」　45
　　　2．井上廃后と死霊への恐怖　47
　　　3．朝原内親王と早良親王廃太子事件　49
　　　4．方格地割の造営と布勢内親王　52
　　　5．中臣氏と平城天皇と大原内親王　54

6. 斎宮頭と伊勢国司　57
　　　7. 方格地割の構造と斎宮の儀礼　58
　　　8. 桓武の王権と律令国家の転換と斎宮　63
　　4 律令国家体制の変容 …………………………………………… 68
　　　1. 摂関政治体制の始まりと斎宮　68
　　　2. 『延喜斎宮式』の規定したこと　69
　　　3. 斎宮のその後　72

Ⅱ. 発掘調査からみた斎宮の歴史的変遷 ………………………… 75〜149
　　1 古代官道と斎宮 (駒田利治) …………………………………… 76
　　　1. 東海道鈴鹿駅からの伊勢道　76
　　　2. 斎宮跡と伊勢道　78
　　　3. 斎宮から離宮院への伊勢道　85
　　2 飛鳥・奈良時代の斎宮の解明 (駒田利治) …………………… 89
　　　1. 飛鳥・奈良時代の斎王　89
　　　2. 史跡西部（中垣内地区）の調査　91
　　　3. 史跡北西部（古里地区）の調査　96
　　3 斎宮と方格地割 (大川勝宏) …………………………………… 99
　　　1. 方格地割の解明　99
　　　2. 「内院」地区の調査　108
　　　3. 「斎宮寮庁」（柳原区画）の調査　121
　　　4. その他の区画　132
　　　5. 方格地割の変遷と斎宮の変容　140

Ⅲ. 斎宮跡の出土品と律令国家 (駒田利治) ……………………… 151〜194
　　1 斎宮と都の土器 ………………………………………………… 152
　　　1. 土器編年の研究小史　152
　　　2. 斎宮跡出土土器の特性　155
　　2 斎宮跡の墨書土器 ……………………………………………… 166
　　　1. 官司名土器　167
　　　2. 平仮名墨書土器　170
　　　3. 絵画土器　172
　　3 斎宮の祭祀 ……………………………………………………… 173
　　　1. 埋納遺構　173
　　　2. 斎宮跡の井戸　178
　　　3. 律令的祭祀具　181

Ⅳ. 斎宮跡の史跡整備と活用 (大川勝宏) ……………………………… *195 ～ 236*
　[1] 史跡指定とその整備の意義 ………………………………………………… *196*
　[2] 斎宮跡の史跡整備のあゆみ ………………………………………………… *199*
　　1. 最初の史跡整備　*199*
　　2. 斎宮の保存管理区分　*200*
　　3. 斎宮跡における史跡の整備活用のあゆみ　*202*
　[3] 史跡斎宮跡東部整備事業 ……………………………………………………… *215*
　　1. 史跡整備の在り方　*215*
　　2. 東部整備事業の対象と手法の検討　*218*
　　3. 史跡整備における復元　*220*
　　4. 斎宮跡東部整備事業の復元建物の検討　*221*
　　5. 復元建築工事の着手と工事見学会の開催　*225*
　[4] 史跡整備とまちづくり ……………………………………………………… *230*
　　1. 史跡整備とまちづくりの融合　*230*
　　2. まちづくりにおける斎宮跡の東部整備事業の意義　*232*
　　3. ハードの整備からソフトの整備, さらにコミュニケーションの構築へ　*235*

あとがき (駒田利治) ……………………………………………………………… *237*

執筆者
駒田利治 〔三重県史編集委員 / 元 斎宮歴史博物館調査研究課長〕
榎村寛之 〔斎宮歴史博物館〕
大川勝宏 〔斎宮歴史博物館〕
(掲載順)

序．律令国家と斎宮

1 斎宮の位置

　斎宮の起源は『日本書紀』巻第 6　垂仁 25 年 3 月条にみられるように，神宮の創始伝承に登場するヤマトヒメに求められる。ヤマトヒメは，アマテラスオオミカミを奉じ近江・美濃をめぐり，「其の祠を伊勢国に立てたまう。因りて斎宮を五十鈴川の川上に興つ」とされる。ただし，史料によって確認できる最初の斎王，大来皇女は天武 13（674）年に初瀬（奈良県桜井市）の斎宮より神宮に向かったと『日本書紀』巻第 29 に記される。

　斎王は，天皇の「御杖代」として神宮に奉斎する未婚の皇女をいい，神宮の創始と不可分の関係にある。斎王の存在は，律令体制とくに天皇の実態を写しており，その歴史的変遷は律令国家と神宮の相剋の過程でもある。

　神宮が皇祖神を祀る社として確立される時期は，神宮創始起源と相まって，諸説が提唱されるが，大きな画期となったのは古代において最大の内乱であった壬申の乱にあることは間違いない。内乱に勝利した天武天皇（大海人皇子）の治世において，天武 9（680）年には伊勢国を割いて伊賀国を立国したとされ（『扶桑略記』第五），伊勢国から志摩国が分国されるなど諸国の境界を定め，従来の地方豪族支配から中央国家体制への胎動がみられる。この時期に神宮は皇祖神としての地位を確立したと考えられ，704 年には神宮に度会・多気両郡が神宮に寄進される。

図 1　斎宮跡航空写真

1 斎宮の位置

　神宮は，伊勢国の最南端の度会郡に置かれているが，神宮に奉斎する斎王の居所である斎宮は多気郡におかれた。『延喜式』に規定されるまで奈良時代の斎王は，必ずしも歴代天皇の即位にあたって派遣されていたわけではなく，まだ揺籃期の変則的な斎王であった。斎王の神宮への派遣は，群行とよばれるようになるが，奈良時代の行程は霊亀元（715）年に平城京から伊勢に向かう道として開かれた「都祁山の道」（『続日本紀』）がとられ，大和高原を経由して伊賀国名張にいたる道である。名張からは，飛鳥時代の大来皇女も通った阿保を経て，伊勢国の川口頓宮，一志頓宮から斎宮に入った。
　都が平安京に遷都すると，斎王は平安京を出て近江国の甲賀から杣川沿いに進む「倉歴の道」を用い，伊賀国柘植を通り加太峠越えで伊勢国の鈴鹿駅家に至り，ここから南下して一志，斎宮へと進んだ。仁和2（886）年には，鈴鹿峠を越える「阿須波道」が開かれると，近江国甲賀から垂水頓宮を経由して，伊勢国に入った。『延喜式』第53条によれば，その行程は「凡そ頓宮は，近江国国府・甲賀・垂水，伊勢国鈴鹿・一志摠て五所，みな国司，例により営造せよ。」とあり5泊6日に及ぶ。

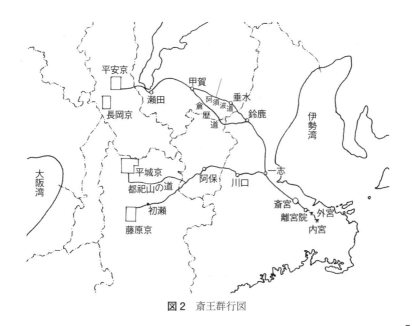

図2　斎王群行図

序．律令国家と斎宮

　斎王が神宮に奉斎する祭事は，神宮で最も重要な儀式である6月と12月の月次祭と9月の神嘗祭の三節祭（三時祭）に参向することである。斎王は，この三節祭にあたり外宮および内宮に奉斎するため，約15 km離れた神宮と斎宮のほぼ中間地点に位置する離宮院に宿泊する。離宮院には，神宮の行政官庁である大神宮司の政庁も設置されており，天長元（824）年から承和6（839）年まで，斎宮が一時この地に移ったこともある。

　斎王の居所を斎宮と呼び，伊勢国多気郡（現在の三重県多気郡明和町内）に置かれた。この地域には，紀伊山地に源を発して山間部を東流し，下流部の平野に出てから，さらに北流して伊勢湾にそそぐ一級河川櫛田川と宮川があり，明和町はこの大河に挟まれた地域に位置する。

　地形からみると，南部には最高標高117 mの玉城丘陵から標高50 mほどの大仏山丘陵があり，中央部には洪積台地の高位面（明野面）から明野原台地につながる中位（斎宮面）の台地が広がる。北部では櫛田川と祓川によって形成された沖積平野や海岸平野となり伊勢湾に臨む。祓川（多気川・稲木川ともよばれた）は，平安時代後期まで櫛田川の本流であったとされる。

　斎宮跡が立地する台地西端部は，約5 mの段丘崖となっており標高約14 mで，北東方向に緩やかに傾斜して史跡東端では標高約9 mとなる。台地上はほとんど平坦な地形を成すが，近鉄斎宮駅と「斎王の森」の間は浅い窪地状の地形となり，水田として利用されてきた。

　史跡指定面積137 haと広大な斎宮跡の中には，27の小字が含まれ，この中には斎宮の所在を想起させる名称もいくつかみられる。西端の祓川沿いの沖積地には，斎王の禊祓の場が想定される「祓戸」，斎宮寮の薬部司の薬草園を連想する「花園」があり，中央部の「斎王の森」近辺には宮殿や寮庁を思わせる「楽殿」「御館」「上園」「下園」「柳原」などがある。また，台地西端の字中垣内には延喜式内社であった竹神社旧社地が，字牛葉には野宮と伝承されてきた竹神社がある。

[1] 斎宮の位置

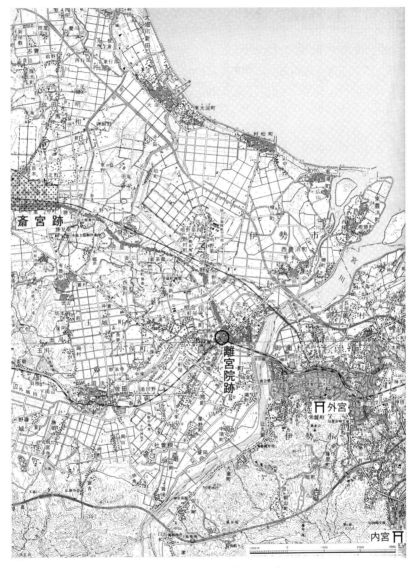

図3 斎宮跡位置図 (1/100,000)

2 斎宮跡の調査・研究

1. 斎王制度の廃絶とその後

　斎王の派遣は，亀山天皇の文永元（1264）年に異母姉妹である愷子内親王が群行するのが最後とされる。その後，後醍醐天皇の元弘3（1333）年に娘祥子内親王が斎王に卜定されるが伊勢への群行はなく，これ以降斎王の卜定・群行は途絶える。

　斎王制度の廃絶後，斎宮の方格地割南部を伊勢（参宮）街道が通り，参宮の途中に斎宮旧跡の記録が遺される。1341年室町幕府初代将軍足利尊氏の侍医である坂十仏は，「いにしへの築地の跡と覚て，草木の高き所々あり。鳥居は倒て，朽残りたる柱の道によこたわる」と『伊勢太神宮参詣記』に書き残している。永享5（1433）年に将軍足利義教に随行した権大僧都尭孝も「斎宮と申あたり過侍るに，むかしおもゆる事もとも侍し」と『伊勢参宮紀行』の中に偲んでいる（『神宮参拝記大成』大神宮叢書）。15世紀の中頃になると「斎宮」は地名として使われ，『氏経卿引付』（神宮文庫蔵『三重県史』資料編　中世1上）に「斎宮関」と記される。

　近世の参宮案内記のうちでも，最初の頃とされる『伊勢参宮按内記』（大神宮叢書）の上巻は「斎宮」から書き始め，斎宮の制度と歴史の概略を述べる。また，近世には多くの地誌が編纂されるが，明暦2（1656）年に津藩郡奉行山中為綱による『勢陽雑記』の多気郡に「斎宮村斎王ノ森」について，現況を詳しく記して，後の地誌にも引用されることが多い。このように，斎王制度は鎌倉時代末に廃絶したが，その旧跡は山林・耕地として遺され，「斎王の森」と「斎宮」の地名が今日まで伝えられた。

2. 斎宮跡の考証

　斎王制度の考証は，江戸時代後半から神宮の神官によって進められた。神宮禰宜中川経雅は，『大神宮儀式解』30巻（安永4（1775）年）において斎王の起源から廃絶にいたるまで「御形新宮遷奉時儀式行事」「斎宮寮の組織・女官」（巻11），「三節祭時供給儲備営作雑器」（巻20）について述べる。

　ついで，斎宮の体系的な考察は，神宮禰宜薗田守良が，神宮全般について文献考証を集大成した『神宮典略』（全44巻）を文化末年から天保初年にか

けて執筆した。神宮司廳では昭和7（1932）年にこの『新宮典略』を前・中・後編の三部に分け『大神宮叢書』として刊行する。巻5の殿舎考に「斎宮寮」、巻11・巻12に「斎宮」、巻26に「斎宮寮官」を収める。『続日本紀』『延喜式』をはじめ広範囲な史料を網羅し、関連記事を抽出し、制度の時代変化も考証している。

　薗田の研究方法は、幕末から明治初年の神宮禰宜御巫清直に引き継がれる。万延元（1860）年から文久元（1862）年、斎王制度の再興を考えていた津藩主藤堂高猷が、斎宮寮の古儀を御巫に嘱託する。御巫は史料と現地調査から旧跡を考証し、「斎宮寮考証・斎宮寮殿舎位置図」と「斎宮寮廃跡考・斎宮寮廃跡図」を作成している（『神宮神事考證』中編『大神宮叢書』1936）。文献考証から得られた斎宮寮の規模から野宮を斎宮寮から除き、「斎王の森」を内院の御殿の旧跡とし、これを中心とした東西4丁、南北7丁の田畑・林野・街道・人宅などを含んだ範囲が「寮ノ廃跡」と推量した。これは、度々の現地調査によるものであり、地元の聞き込みによる地名、土器の出土地までも根拠にして、歴史地理学的な手法を用い広大な宮域を示した。

　明治期には、一大百科史料集とよばれる『古事類苑』が文部省から内務省の神宮司廳に引き継がれ、大正3（1914）年に完成する。「斎宮」については、「神祇部」のうちの「大神宮」の部に収められる。名称からはじまり、卜定及奉幣・初斎院・野宮・群行・奉斎・寮祭・禁忌・解職帰京・斎王制度の順に、広範な史料を抜粋して列記する。ただし、斎宮寮跡については何もふれていない。明治から昭和の戦前まで、神宮の『大神宮古事類苑』刊行や斎宮にふれた研究は散見されるが、大きな進展は見られなかった。

3. 戦後の調査研究

　戦後、科学的な古代史論争が盛んになり、とりわけ神宮研究がその起源論を中心に激しく議論されることになる。その鍵として斎王・斎王寮が注目をあびる。古代の神宮整備が、斎宮の制度確立時期と表裏一体となっていることは、広く認識されていた。その成立については、紀元前後の垂仁朝期から、雄略朝期、継体〜欽明朝期、用明〜推古朝期、天武・持統朝期、7世紀末の文武朝期まで諸説があり、いまだに定説を得ていない。

　神宮の研究について岡田精司は、「天皇制の権威の根源をなすものだけに

序．律令国家と斎宮

あるだけに，戦前のものは殆どが神道史的研究の枠をいくらもでないものであった。特に古代の研究分野においてその傾向が著しかった。伊勢神宮史の科学的な研究は，ようやく戦後にはじまったばかり」だという（「戦後の伊勢神宮研究―古代史に関する研究成果―」『歴史評論 145』 1962）。

これまで，文献史料に基づく斎王制度への関心は高まってきたが，考古学的知見は充分得られていなかった。しかし，昭和 45（1970）年に高度経済成長期にあたり，三重県でも中南勢開発が提唱され，斎宮跡が所在すると考えられていた多気郡明和町地内の古里地区で民間会社による大型宅地造成計画が明らかになった。

同年 6 月開発予定区域 100,000 ㎡には，古代から中世の土器片が散布しており，開発事業が民間開発であったため県市町村の役割分担に基づき，明和町が調査主体となり，三重県教育委員会の職員が試掘調査を担当した。試掘坑（グリッド）からは奈良時代から室町時代までの遺構・遺物が続々と検出され，きわめて遺構密度の高い遺跡であることが判明した。翌年からは，三重県教育委員会が調査主体となり面的な調査を開始し，3 年目からは原因者負担から国庫補助事業に切り替えて，5 か年で延べ 13,300 ㎡の調査を行った。調査では，奈良時代の大型掘立柱建物・大溝などが検出され，蹄脚硯，祭祀用と考えられる大型赤彩土馬などが出土し，これまで想定していた斎宮跡の範囲が大きく広がることが想定された。

このため，昭和 48（1973）年から 3 か年計画で，早急に斎宮跡の範囲と遺跡の保存状況を確認するため，三重県教育委員会は国の補助を受けて幅 4 m の試掘溝（トレンチ）を各所に設定し，総延長 3,200 m，調査面積 11,000 ㎡を行った。1975 年からの個人住宅新築等の事前発掘調査や広域圏道路に伴う発掘調査の結果，東はエンマ（絵馬）川から西は斎王禊の川である祓川までの約 2 km，南は参宮街道沿いの町並全域を含み，北は「斎王の森」北方の鎌倉時代大溝まで約 700 m であることが確認され，総面積は当初想定された 10 倍にもなる 140 ha になることが判明した。

このように斎宮跡の範囲が確定し，遺構の保存状況も良いことがわかると，古里遺跡からはじまった斎宮跡の保存運動は，国史跡指定と保存整備を訴え高揚していった。一方，宅地や耕作地をもつ住民からは，私権の制約について不安が増大してきたのも当然のことであった。国史跡指定とその後の土地

② 斎宮跡の調査・研究

　公有化・維持管理などについて，文化庁・三重県及び明和町は，地権者との度重なる話し合いをもったが，紛糾することも度々であった。国指定の合意に達するまでおよそ3年を要したが，東西約2km，南北約700mの137haにも及ぶ広大な全域が一筆も洩れることなく昭和54（1979）年3月27日に国史跡「斎宮跡」として官報告示された。
　これを受けて，三重県では斎宮跡解明の発掘調査と保存活用にあたる「三重県斎宮跡調査事務所」を同年に開所し，調査研究とその保護にあたる。三重県教育委員会は，古代史学・考古学・陶磁器学・建築史学・文学など各分野の第一人者を指導委員として委嘱し，「斎宮跡調査研究指導委員会」を設置した。当時の委員の何人かは鬼籍に入られ，委員の入れ替わりはあるものの今日まで斎宮跡の調査研究，保護・活用を牽引していただいている。
　広大な史跡で居住区や耕地を含んでおり，史跡の実態解明と併せて今後の土地利用計画・史跡公有化をはかるため，管理団体である明和町は「史跡斎宮跡保存管理計画」を定め，その適切な運用をはかることになった。とくに，史跡指定当時には史跡全体に占める発掘調査率は3％にも満たない状況であったため，史跡東部を中心に発掘調査が推進された。調査の進展とともに，史跡東部を中心に奈良時代後期から平安時代初期の溝と道路に囲まれた一辺120mの方形区画が東西5列，南北4列にわたって存在することが確認された。また，「殿司」「膳」「水司」「寮□」などの墨書土器の出土から斎宮寮の存在が裏付けられた。方形区画内部には，方位に乗って規則的に配置された掘立柱建物も多数検出され，竹神社の北及び東北の区画では，斎宮の中心部を囲った柵（掘立柱塀）が発見されるなど重要な発見が相次いだ。
　これらの成果を受け，三重県は史跡の西北部にあたる古里地区の一画に「斎宮歴史博物館」を平成元（1989）年に開館させ，斎宮跡の調査研究の拠点とした。調査体制の拡充により，斎宮跡の中心部分と想定された内院地区の解明を進め，方格地割の鍛冶山西区画及び牛葉東区画の2区画において，柵列に囲まれ，大型の掘立柱建物が規則的に配置され，奈良時代後半から平安時代中期までの変遷が辿れることが判明した。とくに鍛冶山西区画では平安時代初期には二重の柵列に囲まれた斎王の居所であると判断できることになり，鍛冶山西区画を「寝殿」牛葉東区画を「出居殿」と想定する「内院」地区であると確定した。

13

序．律令国家と斎宮

　一方，史跡南西部では，八脚門とそれに取り付く柵列が確認され，方格地割が西側にも2列拡張されていることが明らかになった。これらの成果を受けて，内院地区の遺構変遷，出土土器の編年基準の見直しなどを行った『斎宮跡発掘調査報告Ⅰ』を平成13（2001）年に上梓した。

　なお，本書の時期表示は，2000年編年（Ⅲ-１ P.160　表1「斎宮跡土器編年表」にもとづき，第○期第△段階を「○-△期」と表記する。）

　内院地区の確定と相まって，奈良後期の以前の斎王居所については，これまでの調査成果から史跡西部で飛鳥〜奈良時代の遺物の出土が多いことなどからその存在が想定されてきたが，依然としてその実態がつかめずにいた。

　そこで，2002（平成14）年度から5か年計画で飛鳥・奈良時代の斎宮跡の実態解明の調査を集中して行うこととなった。また，地元から史跡活用として往時の建物の実物大復元を望む要望を受け，北・南に庇をもつ大型掘柱建物や多量の緑釉陶器などで注目されていた柳原区画の調査を2007年度から3か年計画で継続して行うこととなった。

　調査の結果，柳原区画は奈良時代後期に曹司的な建物配置が認められ，次の平安時代初期には区画中央に四面庇の掘立柱建物とその南に空間を設け，西に三面庇建物，東に東面庇建物および南面庇建物を配置する官衙的建物が確認され，桓武朝期の方格地割整備に伴うものと考えられる。その後，斎宮は天長元（824）年〜承和6（839）年の度会郡への移転を挟んで，再び9世紀後半から11世紀前半まで区画中央に四面庇建物を建替え，区画の機能を維持していたことが明らかになり，「斎宮寮庁」の可能性がきわめて高いと考えられる。斎宮跡の方格地割の各区画の機能とその変遷については，鍛冶山西・牛葉区画などその機能が明らかになりつつあるが，今回柳原区画の機能とその変遷が明らかになったことは重要である。調査の結果は，『斎宮跡発掘調査報告Ⅱ― 柳原区画の調査 ―』として纏められた。

　斎宮跡の方格地割は，都城制に基づくものであることは多くの論者からつとに指摘されていることであるが，最大東西7列，南北4列の斎宮跡の方格地割の施行にあたっては，その変遷についていろいろな推定が可能であり，いくつかの論点も指摘されている。

　また，斎宮跡の発掘調査では，遺跡が台地上に立地することにより木簡の出土はきわめて可能性が少なく，また紀年銘を記した遺物の出土もなく，遺

② 斎宮跡の調査・研究

構の詳細な時期判断は慎重にならざるを得ない。それを補足するためにも『続日本紀』『延喜式』などの文献資料を援用することも多く，古代史のなかでも神宮祭祀や天皇祭祀に関わる研究は不可欠である。

斎宮に関する調査成果は，斎宮歴史博物館および明和町から毎年度，当該年度の発掘調査概要が刊行されている。また，斎宮をめぐる個別的なテーマについては，『斎宮歴史博物館 研究紀要』でもその成果の一端が公表されている。これらの成果をもとに斎宮跡を論じたものに榎村寛之氏の『伊勢斎宮の歴史と文化』などの論攷のほか一般市民を対象とした書籍も刊行されている。

〔参考文献〕

三重県教育委員会・三重県斎宮跡調査事務所『三重県斎宮跡調査事務所年報 史跡斎宮跡』 1980～1989年
明和町『史跡斎宮跡 現状変更緊急発掘調査報告』 1985年～
斎宮歴史博物館『史跡斎宮跡 発掘調査概報』 1990年～
斎宮歴史博物館『斎宮歴史博物館 研究紀要』 1992年～
榎村寛之『律令天皇祭祀の研究』塙書房 1996年
斎宮歴史博物館編『幻の宮 伊勢斎宮― 王朝の祈りと皇女たち ―』朝日新聞社 1999年
斎宮歴史博物館『斎宮跡発掘調査報告Ⅰ― 内院地区の調査 ―』 2001年
榎村寛之『伊勢斎宮と斎王― 祈りをささげた皇女たち』塙書房 2004年
明和町『明和町史 斎宮編』 2005年
泉雄二『伊勢斎宮跡』同成社 2006年
大川勝宏「斎宮跡の祭祀と出土遺物」『三重県史 資料編考古2』三重県 2008年
榎村寛之『伊勢斎宮の歴史と文化』塙書房 2009年
駒田利治『伊勢神宮に仕える皇女 斎宮跡』新泉社 2009年
榎村寛之『伊勢斎宮の祭祀と制度』塙書房 2010年
山中章「斎宮・離宮院変遷の歴史的背景 ― 離宮院遷宮にみる古代王権と伊勢神宮」『仁明朝史の研究― 承和転換期とその周辺』思文閣出版 2011年
斎宮歴史博物館『斎宮跡発掘調査報告Ⅱ― 柳原区画の調査 ―』 2014年

（駒田利治）

Ⅰ．斎王と斎宮

1 斎王とは

1. 斎王と後宮と皇后

　すでに述べてきたように，斎王とは，天皇の代ごとに一人，伊勢神宮の祭祀に参加するために派遣される未婚の皇族女性である。天皇が即位すると占いによって未婚の内親王から選ばれ，原則としてその天皇一代の間奉仕することになる。しかし斎王の規定は律令には見られない。斎王は「法的存在」ではないことになる。伊勢神宮を祭るというから女官的性格が強いと思われるが，斎王には官位相当もないので，女官とも言えない。皇族とは言え，女王も選定の対象となるので，品位（内親王身分）を絶対としているわけでもない。

　斎王は律令制以前の皇后＝大王の正妃の立場に似ている。大王の正妃は原則として皇族であり，皇族所生の王子女は他の王子女より地位が高く，次代の大王候補としても優先されていた。この感覚は奈良時代にも残っており，藤原光明子の皇后擁立の際にも，貴族出身皇后への違和感による根強い反発があり，それが長屋王一族の滅亡につながった[註1]。皇族の女性から天皇の大権を分掌するような女性が出る，という点で皇后と斎王は，もともとは似ていたのである。それは日本の伝統的な王が，家族的な範囲で権力を分掌して成立していたことに由来するのかもしれない。

　日本の律令国家は大宝元年（701）年の大宝律令の施行をもって一応の完成を見たとされる。もちろんその内容は中国の律令に倣った点が多く，当時の行政や社会の実態とかけ離れていた点も数多く指摘されている。本書に関連する点で言えば注目できるのは女官の問題である。

　『後宮職員令』には，妃・夫人・嬪の皇妃と後宮十二司と呼ばれた内侍司以下十二の部局に務める宮人の職務規定が記されている。注意しておかなければならないのは，宮人が妃ではなく天皇に仕える存在，つまり女官だったことと，『大宝令』の注釈書であり，『令集解』に引用されている「古記」説のような注釈書では，妃以下のキサキが「皇后の次妻」「妾」と解説されるということである。

　律令国家成立以前から，地方や畿内の豪族が大王の宮に一族の女性を送り奉仕させる，という慣習があった。男子の舎人に対して采女，氏女と呼ばれ

た存在がそれであり，彼女らは天皇の妾ではなく，女性の官人として遇されていた^(註2)。宮人というのは本来こうした人々である。もちろん天皇が宮人を寵愛することもあり，桓武天皇のように宮人と多くの子を成している天皇もいる。しかし原則としては律令制下において，妃以下の皇妃には職掌がないのに対して，采女，あるいは女孺などの立場から高級女官に昇進していく女性たちは，天皇の口頭命令を伝宣する尚侍や，神璽・関契のような，天皇大権に関わるモノを管理する尚蔵など，行政上重要な職務を負っていた^(註3)。

つまり本来男性の官人（および宦官）で支えられていた中国の律令国家に比べ，日本のそれは男女が役割分担をして内外廷を支えるという大きな特徴が見られたのである。

それでは天皇の正妻とされる皇后・中宮の場合はどうか。じつは『後宮職員令』には皇后・中宮は規定されていない。これは天皇の規定が律令にはないことと対応しており，やはり日本の律令の大きな特色といえる。そしておそらく妃以下が「妻」ではなく「妾」とされるのは，『後宮職員令』に皇后・中宮が規定されていないことと関係しよう。奈良時代宮廷の研究成果によると，奈良時代に皇后を置いた唯一の天皇は聖武天皇だが，天皇と，皇后の藤原光明子は原則として別の家産を持ち，宮殿も別に構えていた。平城宮における同居が確認できるのは光仁天皇と井上内親王以降である^(註4)。皇后（中宮とは本来その居所となった宮を指す言葉である）の規定や，皇后に属する家政機関についての規定は，中務省管轄下の中宮職に見られるが，その実態は不明な点が多く，聖武天皇即位時に，母で皇太夫人になった藤原宮子に中宮職が充てられるなど，当初からイレギュラーな点が多い。

そして妃の制度も9世紀に皇后・女御・更衣という形に再編され，さらに9世紀後半になると原則として皇后は置かれず，天皇の生母の女御が天皇即位後に皇太后，あるいは皇太夫人となって中宮職を充てられるという変則の形が常態化する。

このように律令制下の王権と女性の関係は，複雑であり，それだけに重要なものである。それは古くからの男女それぞれが自立した双系的な男女関係と，律令という法律が成立基盤としてきた中国的な男系社会の建前の相克の中で形成されてきたものと考えられる^(註5)。特に天皇大権に関わる皇后のような女性の役割は，その重要性にもかかわらずなおわからない点が少なくな

い。そして律令制下の天皇大権には，ある意味で皇后以上に重要な女性が付属していた。それが斎王なのである。

2.『日本書紀』に見られる「斎王」たち

　伊勢神宮に仕える女性の存在は『日本書紀』から確認できる。ただし，「斎王」という称号は『日本書紀』には見られない。

　私は先著で，『日本書紀』に見られる伊勢神宮を祀る皇女について，6世紀頃の史料はある程度信用できるのではないか，と書いた[註6]。

　その記事は次のようなものである。

　　(1) 継体天皇元年三月条
　　　　次に，息長真手王の女を麻績娘子と曰ふ。荳角皇女を生めり。是伊勢大神の祠に侍り。

　　(2) 欽明天皇二年三月条
　　　　次に蘇我大臣稲目宿禰の女を堅塩媛と曰ふ。七の男・六の女を生めり。(中略) 其の二を磐隈皇女と曰す。初め伊勢大神に侍へ祀る。後に皇子茨城に奸されたるに坐りて解けぬ。

　　(3) 敏達天皇七年三月壬申条
　　　　菟道皇女を以て，伊勢の祠に侍らしむ。即ち池辺皇子に奸されぬ。事顕れて解けぬ。

　　(4) 用明天皇即位前紀（敏達天皇十四年）九月壬申条
　　　　酢香手姫皇女を以て，伊勢神宮に拝して，日神の祀に奉らしむ。(是の皇女，此の天皇の時より，炊屋姫天皇の世に逮ぶまでに，日神の祀に奉る。自ら葛城に退きて薨せましぬといふ。炊屋姫天皇の紀に見ゆ。或本に云はく，三十七年の間，日神の祀に奉る。自ら退きて薨せましぬといふ)　〔（　）内はもともと割注。〕

　　(5) 用明天皇元年正月朔条
　　　　葛城直磐村が女廣子，一の男・一の女を生めり。(中略) 女をば酢香手姫皇女と曰す。三代を歴て日神に奉る。

　これらの資料には，「斎王」「斎宮」という言葉が見られないほかにも，興味深い特徴がある。まず，「天照大神」という名称が出てこず，「伊勢大神」

1 斎王とは

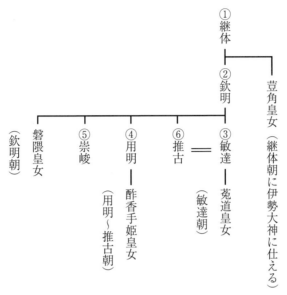

図1　6世紀の天皇と「プレ斎王」の系譜

または「日神」とされていることである。神話や伝承的な史料を除き，事実の可能性がある資料で「天照大神」の初出は，実は壬申の乱まで下る。

次に，(1)(2)(5)は，天皇のキサキと子供たち，つまり系譜史料を元にしているらしいことである。これは天皇一代ごとの系譜的記録が存在しており，それが『日本書紀』の素材となった可能性を示唆している。一方(4)には「炊屋姫天皇（推古天皇のこと）紀」という史料の名が見られる。「天皇」という呼称の成立については，推古天皇の時期と見る説と天武天皇の時期と見る説があり，天武説に立てばこの史料はもともと「炊屋姫大王紀」と呼ばれていたことになるが，それはともかく，一代の天皇について一冊，略伝のようなものがあったことを示していよう。特に，用明天皇の時代の日神を祀っていた酢香手姫皇女について「炊屋姫天皇紀」が書いているということは，本文は「橘豊日天皇（用明）紀」とでも呼ばれた本の記載に拠っていたとも考えられる。

そして全体として，時代が下がると次第に詳しくなるという傾向が見て取れることにも注意したい。継体から欽明朝間の王権をめぐる記録について，

Ⅰ．斎王と斎宮

内乱的な状況がうかがえることについては，戦後様々な形で議論されて来たところだが(註7)，実は伊勢神宮に仕えた女性たちについても，それに関わる興味深い傾向が見られる。継体と欽明の間，つまり安閑・宣化二代は，伊勢神宮に仕える皇女の記事がないのである。継体と尾張連目子媛の間に生まれた天皇二人は伊勢神宮を祀らず，前王統の生き残りである手白香皇女との間に生まれた欽明だけが祀った，ということになっている。一見すると，5世紀以来大和勢力が祀ってきた伊勢神宮なので，尾張系の安閑・宣化は祀ることができなかった。または安閑・宣化が滅ぼされた後に再び祀るようになった，とも理解できそうである。しかしことはそれほど簡単ではない。

伊勢神宮とこの時期の天皇（大王）との関係について，興味深いのは息長真手王という王族の存在である。息長は近江国坂田郡の地名であり，北陸から大和に進出したと見られる継体には重要な地域である。その系譜は明らかではないが，おそらくこの地域にゆかりを持つ王族と考えていい。そしてその娘の一人は荳角皇女の母，麻績娘子であり，今一人は菟道（磯津貝）皇女の母，廣姫とされる。北近江と関わる皇女が二人も伊勢神宮を祀っている。北近江は北陸から大和に進出したオホド王＝継体とは関係の深い地域であり，神功皇后の諡にも息長が見られることを考慮すれば，この氏族の動向は無視できない。

ただし留意すべきは，継体天皇元年から敏達天皇七年までは『日本書紀』の暦法上では71年のへだたりがある，ということである。つまりこの二人の皇女の母が本当に姉妹であったとは，いささか考えにくい。あるいは北近江地方の要衝に関わる勢力が伊勢神宮の祭祀とも関わっていた，程度に理解しておくのがいいのかもしれない。ことほど左様に『日本書紀』の史料批判は難しい。

いずれにしても，継体天皇を補佐する，大和と近江・尾張・越前などの勢力の綱引きの中で，安閑・宣化系が排除され，継体から欽明へと伊勢神宮祭祀というバトンが渡された，と見ることができるのだろう。

さて，(2)(3)の史料で興味深いのは，皇女がいずれも犯されてその任を解かれる，としていることである。単なる暴行事件と言ってしまえばそれまでだが，そうとは言い難い可能性がある。用明天皇元年夏五月に，敏達天皇の殯宮において，敏達の妃であった炊屋姫皇后を，穴穂部皇子（欽明天皇

の皇子）が奸そうとした，という。穴穂部は「天下に王たらむ事」を謀っていたといい，ここでは強姦は明らかに政治的行為の一つである。日神に仕えた女性の場合も，同様に考えられるのであろう[註8]。そして今ひとつ留意すべきは，皇女が犯されて任を解かれているのに，代わりの者が送られていないことである。これは伝説の域に属する，雄略天皇の時代の稚足姫皇女の自死の物語にも共通する。

　景行天皇二十年の五百野皇女の派遣を最後に皇女の伊勢派遣記事は絶え，それが再び顕れるのは雄略天皇の時代である。ところが『日本書紀』は，雄略天皇三年四月，伊勢大神の祠に侍る稚足姫皇女が湯沐の廬城部連武彦に奸され，妊娠したという誣告が阿閉臣国見によってなされ，武彦はその父枳莒喩に殺され，皇女は神鏡を持って行方不明となり，五十鈴川の川上で自死をしたと記している。神鏡からは蛇のような虹が立ち，鏡とともに皇女の死体が発見され，天皇はその死体を裂かせたところ「腹の中に物有りて水の如し。水の中に石有り」という様であった。これにより皇女への疑いは解かれたという。

　ここで注意しておきたいことが二つある。稚足姫皇女が，景行天皇代以来の伊勢に派遣された皇女で，雄略天皇の娘だとされていること，そして雄略天皇の統治期間は二十三年とされているのに，後二十年を皇女なしで伊勢神宮を祀っていた，としか読めないことである。

　雄略天皇は埼玉県稲荷山鉄剣銘，熊本県江田船山古墳鉄刀銘に見られる「ワカタケル大王」であり，ヤマトの大王の支配権が東西に及んだこの時代が日本古代史上大きな画期になることについては，これまでも指摘されてきたところである。伊勢神宮もまた，大王家勢力の東国進出とともに大和に祭られていた王権の守護神が伊勢に移され，全国的にも優越した神社になったとする説が有力である[註9]。その意味でこの時期に皇女派遣が再び現れることは極めて興味深い。ところが『日本書紀』の文脈では，雄略は娘を疑い，しかもその死後，代替えの皇女を派遣していないことになる。つまり雄略の時代の伊勢大神祭祀は極めて不完全なものであったと『日本書紀』は書いていると思われる。そして雄略から継体まで皇女の派遣は再び無くなるのだから，伊勢大神の祭祀は雄略・継体が断続的に行ったのみで，連続性があるのは欽明から推古まで，と理解すべきなのかもしれない。

　しかしこの時期の伊勢大神に仕える女性についての史料にはさらに大きな

I. 斎王と斎宮

問題点がある。彼女等を支えていた体制についての記述が全く見られないこと。つまり8世紀以降の「斎宮寮」に当たる組織が全く見えてこないことである。もちろんこの時期の伊勢神宮についても，その維持組織などは全くわからないのであり，そもそも神社自体が8世紀以降のように祢宜や神主，祝と呼ばれる専業祭祀担当者によって維持されていたとも限らないわけなのである。しかし，王族一人を養うためには相応の組織が必要なはずであり，そのために置かれたのが壬生部，あるいは乳部と呼ばれる部民である。彼らは王族に従属し，経済的な基盤となったが，対して王族の側でも，その収入を効率的に使用するためには，それなりの家産機構が必要になろう。しかし伊勢神宮に仕えた皇女にそういったものが置かれたという史料は見る事ができない。わずかに見られるのは，先述した稚足姫皇女と密通を噂された湯沐（天皇に仕える者の意味）の廬城部連武彦の存在のみであり，しかも王女に仕える湯沐という例は他には見られず，信憑性には疑いが持たれる。そして部民自体が近年では6世紀頃から置かれ始めたと考えられており，雄略朝は5世紀と見なされるので，やはり矛盾をきたす。

つまるところ，伊勢神宮に仕える皇女に対応した家産組織，すなわち宮があったのかどうか，と言う点については極めて疑問と言わざるをえないのである(註10)。事実斎宮跡で6世紀の宮に関わる遺構は全く見られていない。少なくとも7世紀後半以降の「斎宮」と，6世紀の伊勢大神に仕える王女を支える組織には懸隔があったことは否めない。

さて，この時期の最後の王女は用明天皇の皇女とされる酢香手姫皇女である。この王女は用明，崇峻，推古三代の天皇の間日神に仕え，三十七年に及ぶともされる。そして自ら退き，葛城に退き亡くなった，とする。かなりの具体性を持つ史料である。また推古天皇三十二年紀には，蘇我馬子が葛城県を，もともと蘇我氏の本拠であり，封県としたいと要求した，という記事が見られる。葛城が天皇の直轄地であるとともに蘇我氏と関係が深かったこともわかる。もともと葛城は雄略によって滅ぼされた葛城氏の本拠で，王権と深い関係があり，ゆえに蘇我氏も割譲を要求したのである。最後の伊勢大神に仕えた王女が引きこもった先が葛城だったことにも一定の意味があるのかもしれない。

3. 伊勢神宮成立伝承と斎王

　さて、ここまで見て来た雄略以降の伊勢大神に仕えた皇女の記事と、『日本書紀』崇神紀・垂仁紀に見られるトヨスキイリビメ・ヤマトヒメの記事との性格は全く異なる。すでに何度か触れたことではあるので、ここでは略述に止めておこうと思う。

　まず、崇神天皇紀には

　　六年に、百姓流離へぬ。或いは背叛くものあり。（中略）是より先に、天照大神・倭大國魂二の神を、天皇の大殿の内に並祭る。然して其の神の勢を畏りて、共に住みたまふに安からず。故、天照大神を以ては、豊鍬入姫命に託けまつりて、倭の笠縫邑に祭る。仍りて磯堅城の神籬を立つ。亦、日本大國魂神を以ては、渟名城入姫命に託けてらしむ。然るに渟名城入姫、髪落ち體瘦みて祭ること能はず。

とある。

　天照大神と倭大国魂神を、それぞれトヨスキイリビメとヌナキイリビメという二人の皇女に託して宮中から移遷させた記事は、社会不安への対抗措置として行われた、と書かれている。しかし、後にこの社会不安の原因は三輪神の祟りによるものだったことが後に明らかになる。そして天社地社の制度の確立、つまり神祭りの制度の完成により社会が安定した、というのが結末である。つまり両神の移遷は一エピソードであり、何の役にもたっていない。しかもヌナキイリビメは健康を害して、祭祀に失敗している。

　次に垂仁天皇二十五年のヤマトヒメによる伊勢への移遷はどうだろうか。

　　（二十五年）三月の丁亥の朔丙申に、天照大神を豊耜入姫より離ちまつりて、倭姫命に託けたまふ。爰に倭姫命、大神を鎮め坐させむ處を求めて、菟田の筱幡に詣る。更に還りて近江國に入りて、東、美濃を廻りて伊勢國に到る。時に天照大神、倭姫命に誨へて曰く「是の神風の伊勢國は、常世の浪の重浪歸する國なり。傍國の可怜し國なり。是の國に居らむと欲ふ」とのたまふ。故、大神の教の隨に、其の祠を伊勢國に立てたまふ。因りて斎宮を五十鈴の川上に興つ。是を磯宮と謂ふ。則ち天照大神の始めて天より降ります處なり。

　この移遷については動機が一切記されていない。興味深いのは、「則天照大神始自天降之處也」、つまり天照大神が初めて伊勢に降臨した由来譚だと

括られていることと，異伝が記されていることである。『日本書紀』完成段階の歴史意識としては，天照大神は伊勢神宮の成立とともに伊勢に降臨したということになる。それは「この鏡を吾を見るごとくに見て，天皇と同じ殿舎の中で祀れ（『日本書紀』第二の一書）」「この鏡を，わが魂として，吾を祀るように祀れ（古事記）」とした天孫降臨段階の鏡の授与の意識とは大きく異なる。本来鏡はアマテラスの身代わりに過ぎないものであり，そのものではなかった。だから例えば，神武天皇の東征でもアマテラスは天上から見ていて加勢する形になっている。しかしながら垂仁紀の記述では，アマテラスそのものが伊勢神宮にいる，ということになる。つまりこれ以降はアマテラスは伊勢にいるのだ，としているように思われる。このあたりの律令国家の認識は改めて検討する必要がある。

　更に重要なのは，宮中からの遷移も伊勢への遷移も倭姫命が行ったのだ，という異伝が『日本書紀』の割注に見られることである。

　一に云はく。天皇，倭姫命を以て御杖代として，天照大神に貢奉りたまふ。是を以て，倭姫命，天照大神を以て，磯城の厳橿の本に鎮め坐せて祠る。然して後に，髪の誨の隨に，丁巳の年の十月の甲子を取りて，伊勢國の渡遇宮に遷しまつる（下略）。

　崇神紀の遷移は何の効果ももたらさなかった。垂仁紀の遷移は動機がない，しかし異伝のように，倭姫命がアマテラスを宮外に祀り，その彼女に託宣があった，とするのであればまだ自然である。そしてこの異伝は，ヌナキワカヒメ（『日本書紀』本文のヌナキイリビメに対応）が失敗した倭大国魂神の祭祀が，倭直氏の祖，長尾市宿禰に引き継がれた，と続き，もともとは倭直氏の氏族伝承である可能性が高い。倭大国魂社の祭祀が伊勢や三輪と肩を並べるのは，7世紀末期のみに見られる現象である。

4. 景行天皇紀の場合

　『日本書紀』の景行天皇の段では，ヤマトタケルの征服譚にオバとしてヤマトヒメが出てくる。下記の3か所である。

①『日本書紀』では東国征服に出向くヤマトタケルが伊勢神宮に立ち寄り，ヤマトヒメに遠征の旨を告げ，ヤマトヒメは精勤するように云い，クサナギの剣を渡す。

②『古事記』では西国征服の前にヤマトヒメより女性の衣装を借りる。この場所は明記されていない。
③『古事記』では東国征服の前に「伊勢大御髪宮」で「神朝廷」を拝み，ヤマトヒメに天皇の非情な仕打ちを嘆き訴え，ヤマトヒメはクサナギの剣とともに，火急の時は開けといって，袋（火打ち石が入っている）を渡す。

しかしよく読むと，ヤマトヒメは常に伊勢神宮にいた，とは必ずしもしていないことに気がつく。確実に伊勢にいたのは東国遠征の時のみである。『古事記』では「神朝廷」にいたとする。この話は，女性が男性を助ける関係をヒメ‐ヒコ制という共治体制の反映と見る説があり，この二人がそうした例として取り上げられることがあるが，二人はオバとオイの関係であり，しかも『日本書紀』の暦年通りに理解すると，ヤマトヒメはかなりの高齢となってしまう。その意味でもこの関係はかなり不自然なものとなり，『日本書紀』の強引な組み替えが想定される。

私は，この伊勢神宮に関わる崇神・垂仁・景行紀の三つの話の中で最も古いのはヤマトタケルとヤマトヒメの原話なのかもしれないと考えている。しかし平安時代の『皇太神宮儀式帳』がヤマトタケルの参宮について一言も触れていないことから，これはあくまで宮廷伝承の枠をでないものなのかもしれない。

いずれにしても，この三代の話には新しい文飾の痕跡が累々としており，6世紀史料とは大きく異なるものである。そこには7世紀後半以降の政治的事情が反映されているものであろう。

ここまで『日本書紀』の伊勢神宮に仕える皇女についての史料をあらあら紹介してきたが，ここで最初に提起した問題，斎王という称号が全く見られないことに立ち返ろうと思う。『日本書紀』の構想から見て，斎王と呼ばれるのに最も相応しいのは，伊勢神宮の創祀者とされるヤマトヒメと，実質的な最初の斎王と言われる大来皇女と考えられるが，いずれも斎王とは呼ばれず，その居所を斎宮ともしていないのは，『日本書紀』成立段階でのこの用語の未熟性を示唆するものであろう。ヤマトヒメやトヨスキイリビメが斎王とされるのは平安時代後期の『斎宮記』などの二次編纂史料以降にすぎず，神宮側の伝承を見ても，平安時代初期の『皇太神宮儀式帳』や，神宮の倭姫命伝承の集大成である鎌倉時代の『倭姫命世記』でも彼女等を斎王と書く記

I. 斎王と斎宮

述はない。『倭姫命世記』で斎王という言葉が最初に見られるのは，五百野皇女を伊勢に派遣する時の「これ斎王群行の始めなり」とする箇所である。

これは，「斎王」「斎宮」という用語が，『日本書紀』最終編纂段階でも十分に安定したものではなかったためと見られるのである。

〔註〕
(1) 岸俊男「光明立后の史的意義」『日本古代政治史研究』塙書房 1966年
(2) 荒木敏夫『可能性としての女帝』青木書店 1999年，『古代天皇家の婚姻戦略』吉川弘文館 2012年 ほか
(3) 吉川真司「律令国家の女官」『律令官僚制の研究』塙書房 1998年，仁藤敦史「トネリと采女」『古代王権と支配構造』吉川弘文館 2012年 など
(4) 西野由紀子「中宮論」『日本国家の史的特質 古代・中世』思文閣出版 1997年
(5) 義江明子『日本古代の氏の構造』吉川弘文館 1986年，『日本古代の祭祀と女性』吉川弘文館 1996年，『日本古代系譜様式論』吉川弘文館 2000年 ほか
(6) 榎村寛之『伊勢神宮と古代王権』筑摩書房 2012年
なお，本書とも重なる論点が多く，伊勢神宮との関係など異なる角度から論じている所も多い。合わせて参照されたい。
(7) 近年の研究動向を示すものとして，佐藤長門「倭王権の転成」『日本の時代史2 倭国と東アジア』吉川弘文館 2002年 を挙げておこう。
(8) たとえばこの時期の伊勢大神祭祀に聖婚儀礼を想定する，という指摘もある。
(9) 岡田精司「伊勢神宮の起源― 外宮と度会氏を中心に ―」「古代王権と太陽神― 天照大神の成立 ―」ともに『古代王権の祭祀と神話』塙書房 1970年，「伊勢神宮の成立と古代王権」『古代祭祀の史的研究』塙書房 1992年
(10) 仁藤敦史「斎宮の特殊性と方格地割の性格」『斎宮歴史博物館研究紀要12』 2003年

2 斎王制度の確立過程

1. 大来皇女の史的意義

　さて，では斎王制度とはどのような政治過程の中で成立していったのか，まずその前提として，天武天皇の娘，大来皇女の問題について触れておきたいと思う。

　斎宮跡で精製土器と呼ばれる，赤く発色させた宮廷風の土師器が見られるようになるのは7世紀第Ⅳ四半期からとされている。つまり大来皇女の時代に，都の影響を強く受けた遺物が増加していることは間違いない。しかし，この時期の遺構は一部の柵列などが確認されているのみで，未だ明確にはなっていない。

　さて，斎宮跡の発掘開始以前から大来皇女が実質的に最古の斎王と言われてきた所以は次の四点である。

(1) 約70年ぶりに伊勢に派遣された皇女であり，その任命や伊勢派遣，帰京など，以前の皇女たちよりはるかに情報が多い

(2) 『日本書紀』以外の信頼すべき同時代史料にその名が見られる

(3) 伊勢にいたことが確実である

(4) その名を記した木簡が発見されており，実在性に疑いがない

　(1)は大来の選定が，壬申の乱における大海人の「天照大神の望拝」と深く連動していることと関係する。天照大神や伊勢神宮は大化の改新や百済回復のための出兵に一切関連していない，これは，とくに朝鮮半島への出兵に関しては，神功皇后伝承に天照大神が大きな役割を果たしていたことと極端な対照となっている。酢香手姫命の奉斎と退出の記事が事実とすれば，古代国家形成の端緒の時期である7世紀前半〜中盤の段階で王権と伊勢神宮の関係には断絶が生じていたと見る事もできる。それに対して，確実な天照大神という呼称の初出はこの遥拝記事であり，これによって，伊勢神宮の神の表記は，伊勢大神・日神から天照大神への転換が明確になるのである。その意味では，大来は，天武によって認定された神である天照大神に初めて仕えた皇女，ということもできる。

　(2)は『万葉集』に見られる歌群である。ただし大伯と大来の表記が混在している。具体的には，伊勢にあった時に詠まれたとする巻2-105, 106

I. 斎王と斎宮

では「大伯」と表記され，飛鳥に戻ってからの歌とされる2-163～166は「大来」とされる。そして『日本書紀』では「大来」で統一されるものの，名前の由来となった備前国の地名は大伯であり，『続日本紀』に見られる死去の記事では大伯内親王とされる。

（3）の根拠は2-105, 106の

　大津皇子，ひそかに伊勢の神宮に下りて，上り来る時に大伯皇女の作らす歌二首

　わが背子を大和へやると小夜ふけて暁露にわが立ち濡れし（他一首は略）

と，2-163の

　大津皇子の薨ぜし後，大来皇女，伊勢斎宮より京に上らす時に作らす歌二首

　神風の伊勢の国にもあらましを何しか来けむ君もあらなくに（他一首は略）

の二首の歌である。なお，この二首は歌群が異なり後者は「斎宮」「大来」など，やや奈良時代的な表記が見られるので，大来の真作かどうかはやや慎重になりたい所だが，両方ともに大来が伊勢にいたことを前提とした歌である。

（4）の木簡を見ると，『日本書紀』編纂に関わる削り屑ではないかと見られるものには「大来」，飛鳥池遺跡で発見されたものには「大伯皇子宮」と書かれている。義江明子氏の指摘のように「大伯皇子」の表記には，天武・持統朝に皇族男女の表記差がなかったことを示唆するものと考えられ[註1]，その意味では7世紀末期の呼称実態に最も近いのは「大伯皇子」ということができよう。

図2　「大来皇子宮」と記された木簡（奈良文化財研究所）

しかしそれは、大伯→大来という呼称の変化が想定できるということでもあり、個々の史料が原型のままではないかもしれない、ということにもなる。
　そのあたりを踏まえつつ大来の問題について考えてみたい[註2]。
　大来は生年月日の明確な希有な皇族である。数多い天武の子供達の中でも、草壁や大津ですら誕生の記録は『日本書紀』には見られないのに、大来だけは記されている。これは大来が、斉明天皇、中大兄、大海人やその妻達とともに西征を行う為に船中にあった時、大伯浦で生まれたという特殊な出生と関係するものと考えられる。後世の功績ではなく生誕そのものが特筆すべき事項と考えられたのであろう。
　しかし彼女が幼い頃、母の大田が没する。大田は天智の皇女であり、鵜野讃良（持統天皇）の同母姉であった。その母は蘇我氏の出身ではあるが、蘇我倉山田石川麻呂の変に連座した上で後見は決して強くない。それは弟の大津も同様であり、私はこの二人姉弟は、祖父である天智の手元で育てられた可能性があると見ている。その根拠は大来に関するものではないが三点ある。一つは、大津という呼称である。大津は那大津、つまり現在の福岡市の古称に依るともされるが、大津宮で育った皇子の意味とも理解できる。二つは、皇子女が母系氏族の後見で育てられるとするのであれば、姉弟の母系祖父は他ならぬ天智だということである。三つは、大津が天智皇子の大友と並び、懐風藻の詩人として知られ、天智の皇子であった河島と仲良く、その裏切りで死に追いやられたとしていることである。大津・大来は飛鳥を代表するだけではなく、近江にも深く関わる皇族だったと推測できる。
　そして天武には、近江朝廷に関わる皇女を祭祀に登用しようとしていた傾向が見られる。壬申の乱で敗れた大友皇子の未亡人、十市皇女は伊勢神宮に派遣された記録があり、それに同行したのは天智皇女、つまり鵜野の妹でもある阿閇、後の元明天皇である。また、十市は大和に造られた倉橋河上斎宮という施設に天武が行幸しようとした時に急死し、この斎宮は以後見えなくなることから、十市が入るべき所だったのではないかとする見解もある。
　もとより天武政権は大友を打倒して成立したものではあるが、近江朝廷の機構を引き継がなければ政権運営が難しかったことは言うまでもなく、旧近江系勢力をいかに政権内に位置づけるかが大きな課題だったと考えられる。

祭祀面における近江系皇女の重視はそのような政治課題と深く関係している可能性がある。
　さて，伊勢における大来の実績についてはほとんどわかることがない。伊勢神宮側の伝承でも大来は一切出てこず，同時代の「多基内親王」と混同した記事が『太神宮諸雑事記』に見られるのみである。もとよりこの時期の斎王参向については，「託基」「多紀」などのよく似た名前の皇女が見られ，混乱した状況で史料化されていると見られる。「大伯」は「タハク」だが，「大来」なら「タキ」とも読めるので，この混同は『日本書紀』以降のものとも見られるが，伊勢において大きなエポックとなったはずの大来についてまともな史料が残されていないのは何とも気になる所である。
　つまるところ，大来はその意義の大きさに対して，意外に記録の残されていない皇女なのである。そして彼女は「斎王」とも明言されていない。そこには大きな断絶がうかがえる。それは，持統朝の断絶である。

2. 持統天皇の役割

　斎王という呼称がおそらく確実に制度化されるのは文武朝である。それは大宝律令には載っていない斎王制度を明確なものとするための，『続日本紀』大宝元（701）年八月甲辰条「斎宮司を寮に准じ，その属官を長上官に准ず」という記事からうかがえる。もとより『続日本紀』には文飾がうかがえるが，斎王というシステムを維持していくための枠が公にされた，という点は認めていいと思われる。しかしここで確認しておかなければならないのは，それが，持統上皇が未だ権力を保持していた段階で行われた，ということである。
　持統は天武の葬送や即位や大嘗祭などを極めて荘重に行った。それは一見古い伝統に基づくものと見られるが，実態は新しい時代の儀礼と，その執行者である王権の「新しさ」と権威を視覚化するものであったと考えられる。そして彼女は自ら伊勢にも赴いている。伊勢そのものを視覚的に確認した天皇としても最初の存在である。天武の企図した祭祀を現実化するにあたり，彼女は全て彼女の感覚で再編し，それを律令体制下に位置づけて文武に譲り渡す，という態度を示していたのではないかと考えられる。伊勢神宮の遷宮制度の開始や，斎王の制度もその中で形成されたものの一つと見るべきであろう。

つまり持統は斎王を置かなかったものの、文武朝に始まる律令制下の斎王制度を準備した天皇だと見る事ができるのである。

3. 8世紀前半の斎王

　斎宮の制度を維持していく体制について初めて論及があるのは先述した『続日本紀』の記事である。大宝律令には斎王の規定はない。その代わりとして取られたのが斎宮寮の官人を長上官とするというこの措置だと思われる。もともと斎宮は斎王が伊勢にいる時だけ機能する施設であり、それを運営する機構も、斎王不在の時には不要となる。つまり常置の官ではない、という特性がある。その意味でいわゆる官司とは性格が異なり、一種の令外官として扱われたと見られている。そして伊勢神宮自体が律令に規定がないこととも関連するのではないかと思われる。神祇令には神社とは何ぞや、あるいは主要な神社についての記述がそもそもない。これは寺院の場合も同じであるが、伊勢神宮についての規定がないのに斎宮・斎王のみの規定があるというのも不自然なものである。

　しかし律令制下になると「名前」の規定はより強力になり、公共的施設には明確な名称が求められることになる。それまで伊勢神宮本体や天皇が祭祀の際に潔斎する宮の意味で広範に使われて来た「斎宮」が伊勢斎宮を意味するようになるのも、斎宮の公的性格の高まりと関連づけて理解すべきだろう。

　とはいえ『続日本紀』も編纂物であり、この時代の記事が原資料にそのまま基づいた記録かどうか、については議論がある。結論から言うと、当時の斎宮運営官司は斎宮官と呼ばれており、組織自体もそれほど大きくなかったと見られる。

　そして文武天皇の時代には複数の斎王が見られる。これは文武に実娘がなかったこととも関連するのだろうが、斎王自体の不安定性を象徴するものである。

　　文武天皇2（698）年　　託基皇女　　天武天皇娘　　後に一品　　オバ
　　大宝元（702）年　　　　泉内親王　　天智天皇娘　　後に二品　　大オバ
　　慶雲3（706）年　　　　田形皇女　　天武天皇娘　　後に二品　　オバ

とされるが、いずれも文武より上の世代であり、泉内親王などは、持統天皇の妹という立場で選ばれた可能性すら考えられる。天皇との直接の血縁は

33

ない。本格的な斎王なのかと言われれば，きわめて疑問符がつく。むしろ『日本書紀』に見られるヤマトヒメとヤマトタケルの関係（オパとオイ）さえ連想させるような不自然な異世代間の天皇と斎王となっている。そして次々と斎王が交替した理由も明らかではない。いずれにしても制度として動き出した斎宮だが，当初から順風満帆とはいかなかったようだ。

続く元明女帝の時期の斎宮となると，斎王の位置づけはさらにわからなくなる。鎌倉時代に編纂された『一代要記』には，この時代に「田方，多紀内親王，智奴，円方女王が各一度参入」したとしているが，その出典は明らかではない。また，伊勢神宮への参入となれば，例えば十市皇女と阿閉皇女（つまり元明女帝自身）のように，斎王ではないのに伊勢に派遣された皇女の例も見られる。この時期には，伊勢に滞在する斎王と，特定の目的を持って臨時に伊勢に派遣される皇女の二通りがあったものとも考えられ（私は後者を「皇女勅使」と呼んでいる），それがいわば斎王制度確立までの過渡期的な体制だったとも考えられる。いずれにしても8世紀前半の斎宮については，なおわからないことが多い。

4. 井上内親王の斎王就任

組織としての斎宮の確立は，元正天皇後期以降に見られる。皇太子首親王の娘，井上王の選定がその契機となる。元正段階では久勢女王が先に選ばれていたが，ここで留意すべきは，久勢の就任記事の中に，百官が京界まで送ったという記載が見られることである。文武段階の斎王の制度化が持統段階から構想されていたとすれば，元明段階での構想は元正段階で反映されることになる。そしてこれから述べる井上は，まぎれもなく国家規模の事業として伊勢に送られた斎王だということになる。その前提となりうる記事が久勢の派遣儀式なのである。

11世紀初頭に編纂されたと見られる，令宗允亮編の『政事要略』という政務事務の事例集がある。その中に，『官曹事類』という行政資料集からの引用として，養老5（721）年の井上王の斎王就任儀礼の次第が記録されている[註3]。

養老五年九月十一日。天皇は内安殿に御す（伊勢神宮への奉幣の後），即ち皇太子の女，井上王を斎王となす。すなわち北池辺の新宮に移す。その儀は，右大臣従二位長屋王，参以上および侍従ならびに孫王を率て前に従う。内侍

従五位下播磨直月足，従五位下余比売大利ら女孺数十人を率て従う。乳母二人小女子十余許人を領して輿をめぐり従う。中臣正六位下菅生朝臣忍桙，忌部従七位上忌部宿祢君子輿の前を従い行く。輿を昇く人は左右に大舎人六人，並びに青摺布衣を着る。正五位下葛城王，従五位上佐為王を前の輿の長とし，従五位上桜井王，従五位下大井王を後の輿の長とする。従五位下石上朝臣勝男前に内舎人八人，従五位上榎井朝臣広国後に内舎人を領し，左右衞士宮門より斎宮道に至り，両辺に陣立して宮に至り安置す。（下略）

これによると，彼女は平城宮の内安殿とよばれる建物で就任儀礼を行い，長屋王らが先導し，皇族が警護する中を「北池辺新宮」に移されたという。この儀礼には色々な意味での過渡期的な性格が見られて興味深い。

まず留意しておかなければならないのは，井上があくまで，元正朝の斎王として就任したこと，つまり就任段階では，元正の甥である皇太子首親王の娘「井上王」にすぎなかったこと，しかしその伊勢派遣が元正退位，聖武即位後だったことである。

次に，平安時代では内裏で行われていた斎王就任儀礼が，宮中の内安殿（場所不明）で行われたとしていることである。さらに，就任段階で，平安時代には通例出会った亀卜による卜定記述が見られないこと，大来のような遠方の仮の宮ではなく，京に隣接した新宮に移っていることも見逃せない。さらに，輿の前後に皇族が随行しており，その代表であるかのように扱われていること，その行列の先導者が，首皇太子の有力なライバルであり，元正天皇の妹，吉備内親王の夫であった長屋王だったということも重要である。

つまりこの就任儀礼には，斎王が天皇と一対一対応の存在であること確認するとともに，近々即位するであろう皇太子の娘を先に斎王にしておくことに意味があったと見られるのである。すなわち，皇族内で優位を競っていた聖武天皇およびその子女と，高市皇子の息子で吉備内親王を妻とする長屋王およびその子女の立場について，首親王の娘を長屋王が先導するという儀礼により，聖武天皇子女の相対的優位性を強調する意味があったものと見られるのである。

井上内親王は，天武天皇以来の天皇の私的な代理的性格を払拭し，国家的，あるいは王権を代表する者として伊勢に派遣される「斎王」という地位を明確に視覚化した斎王だったと考えられよう。

5. 井上内親王の時代の斎宮の整備

　井上が斎宮に向かったのは聖武天皇即位後の神亀4（727）年9月のことである。つまり井上内親王として斎宮に向かったのである。それに合わせて，斎宮寮について重要な記録が残されている。『続日本紀』には斎宮寮官一二一人の任命記事がある。また『類聚三代格』には翌，神亀五年に出された官符に斎宮の十一司の定員と官位相当が記されている。『類聚三代格』記事については，斎宮寮創置記事とする説，官位相当を定めた記事とする説，斎王ごとに停廃される斎宮寮の再置記事とする説などがある[注4]。刊本『類聚三代格』には欠落部が多く，東北大学狩野文庫本によってその内容を補うことができる。その内容は次の通りである。

　　　勅すらく
　　斎宮寮
　　頭一人　従五位官。助一人　正六位官　大允一人　正七位官　少允一人　従七位官　大属一人　少属一人　已上従八位官　使部十人
　　主神司
　　中臣一人　従七位官　忌部一人　宮主一人　已上従八位官　神部六人　卜部四人
　　舎人司
　　長官一人　従六位官　主典一人大初位官　大舎人廿人　舎人十人
　　蔵部司
　　長官一人　従六位官　主典一人大初位官　大舎人廿人　舎人十人
　　炊部司
　　長一人　従八位官　炊部四人
　　酒部司
　　長一人　従七位官　酒部四人
　　水部司
　　長一人　従七位官　水部四人
　　殿部司
　　長一人　従七位官　殿部六人
　　采部司
　　長一人　従七位官　女采六人

② 斎王制度の確立過程

掃部司
　長一人　従七位官　掃部六人
薬部司
　長一人　従七位官　医生二人
　勅するに前件によれ
　神亀五年七月廿一日

　少なくともこれ以前の斎宮寮には司の規定も寮の四等官の官位規定もなく、この段階で初めて定められたので行政記録として残されたものと見ていいだろう。そして平安時代の斎宮寮では、これに加えて、門部司、馬部司が見られるが、『中右記部類』によるとこれらは武官に属する司であり、平安時代でも人事は別に行われていたことから見て、兵部省管轄としてここには載せられなかったものの、存在していたと考えていいと思われる(註5)。

　つまり斎宮寮が平安時代の『延喜式』に見られる体裁を整えたのはこの時期であり、井上以前と以後では斎宮を維持するシステムは決定的に異なっており、井上の役割はそれだけ大きかったと見る事ができる。

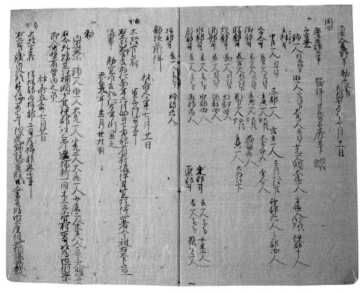

図3　狩野文庫本類聚三代格（東北大学付属図書館所蔵）

I. 斎王と斎宮

　井上の重要性については別の史料からもうかがうことができる。
　この時期に斎宮の経済が，それまで神戸に依っていたものから，国家財政に移されたということである。

　詔して曰く。斎宮に供給する年料は，自今以後皆官物を用いよ。旧により神戸庸調らの物を宛て用いることを得ざれ。

　『続日本紀』天平2（730）年7月癸亥条に見られる記事である。
　奈良時代の神戸は神社に付属する人民のことで，いわば神社の封戸ともいえるものだが，本来その管理は所在する国府によって行われていた[注6]。伊勢神宮も例外ではなく，その管理は伊勢国府に依って行われていたものと見られる。つまり神戸によって維持されていたとしても，その頃には神宮の付属施設であった，とは軽々しく断定はできない。むしろ国府に管轄される組織と見るべきなのであろう。
　ところがこれ以降，斎宮は直接国家によって掌握される施設となった。『延喜式』には東は常陸から西は京までの広範囲の国々に斎宮に関する賦課が見られ，それは各国府から直接斎宮に送られ，返抄を得ることとなっていた。つまり伊勢国府を介さない直接的な斎宮寮と各国府の関係によって斎宮は維持されていたわけだが，その原型はこの段階での改革に依って定められたものではないかと考えられる。とすれば，この時期に斎宮の維持体制が充実し，それに伴い行政事務量も著しく増加したため，斎宮の司の確立が急がれたものと考えられる。
　さて，斎宮の司とはどのようなものであったろうか。

主神司
　斎宮内で祭られている諸神の祭祀を行うほか，新嘗祭や伊勢参詣の時に行う大殿祭や大祓なども掌る司。中臣氏と忌部氏の官人は斎王就任当初から割り当てられており，日常的に重要な存在だった。中臣は祝詞を詠み，忌部は幣帛を捧げるのが職掌で，宮主は占いなどを行うようである。延暦19年（800）に神祇官に直属する司となり，斎宮寮管轄ではなくなる。

舎人司
　親王の宮に仕える舎人を管理する司。斎宮にはより身分の高い帳内はいない。本来舎人は主人である皇子と私的な信頼関係で結ばれていたことが，『万葉集』の高市皇子や草壁皇子への挽歌からうかがえる。斎王の場合，た

とえば先述した『日本書紀』雄略紀に見られる稚足姫皇女と湯沐の廬城部武彦の噂の背景には，皇女と舎人に類似した親しさがあったことを示唆するのかもしれないが，斎宮寮という行政組織に管轄されている奈良時代の斎宮で同等に考えることは難しいだろう。むしろ斎宮寮の下請け的機能が強かったのではないと思われる。

舎人司について興味深いのは，斎宮から遠からぬ海浜遺跡である櫛田川河口の松阪市南山遺跡から「舎」とヘラ書きされた土錘が発見されていることである。もしもこれが斎宮舎人司に関係するものであれば，舎人司は漁業用の大型の網を保持しており，地域に貸し付けることで斎王のための新鮮な魚介類を贄として確保していた可能性がある。その意味では斎王に身近な組織ということもできる。

蔵部司

蔵の管理と財政的な業務を管轄する司と見られる。奈良時代の斎宮では「正倉」のようなまとまった施設はまだ発見されていないが，総柱建物の蔵は数棟確認されている。また「椋人」（くらひと）と記された墨書土器が複数点確認されており，負名氏族である椋人首氏がいた可能性がある。平安時代になると，方格地割の中に二間×五間の大蔵と推定される建物群

図4　墨書土器「蔵長」

が十六棟まとまって見られる西加座北区画のような区画が現れ，蔵部司の機能が更に重視されるようになったものと見られる。

水部司

井戸など水の管理をする司であるが，『延喜斎宮式』によると，斎宮には氷室も置かれていたらしい。奈良時代の斎宮跡では大きな井戸はほとんど確認されていないが，同じく墨書土器で，「水部司」「水司鴨」などとしたものが発見されており，負名氏族である鴨県主氏が配されていた可能性が指摘されている[註7]。

Ⅰ. 斎王と斎宮

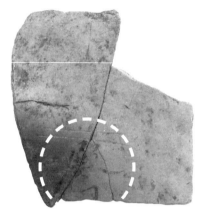

図 5-1　線刻土器「殿」　　図 5-2　墨書土器「殿司」
　　　　　　　　　　　　　※点線内に「殿司」の文字。

殿部司

　殿内の諸道具を管理する司。斎宮には宮中の木工寮に当たる営繕的な組織が他に見られないので、そちらも兼ねていた可能性が指摘できる。「殿」「殿部」の墨書土器や「笠」と判読できるものもあり、負名氏である笠氏が配されていた可能性が指摘できる (註8)。

薬部司

　医療関係の司である。『延喜斎宮式』には斎王には皇后並みの薬が支給されるとしており、斎王の健康管理は重要な斎宮寮の職務であったと見られる。「薬」と記した墨書土器が一点確認されているが、多くの墨書土器が土師器であるのに対して須恵器蓋である。須恵器は土師器に比べて破損や劣化が少なく、長期間使用可能な土器であり、あるいは薬の収納用容器であるかもしれない。とすれば斎宮における土器の用途について考える素材になるのかもしれない。

膳部司

　宮廷の大膳職・内膳司に当たる食事に関する司。宮廷では膳氏から改姓した高橋氏と阿曇（阿曇）氏が負名氏族として仕えているが、斎宮寮では両氏の名は確認できない。ただし斎宮に近い志摩国は「御食国」として指定される特殊な国で高橋氏が国司を務めていた。志摩国が膳部司を維持する体制は現地でも十分存在が想定できる。

② 斎王制度の確立過程

図6　墨書土器「薬」
※点線内に「薬」の文字。

図7　墨書土器「大炊」

酒部司
　儀礼に使う酒を醸造・管理する司と考えられる。斎王のためには銀の盃も用意されており，儀礼の場で飲酒することは確認できる。なお，「酒」と墨書された小型の土師器甕が一点出土している。

炊部司
　文字通り炊飯を行う司と考えられる。「大炊」「炊部」と記した墨書土器が出土している。膳・酒・炊部司はいずれも食膳に関する司であり，宮中の大膳職のような官人全体に関わる官司，内膳のような内廷に特化された司の区別はなく，日常，儀礼の別なく斎宮全体を管掌する機能があったものと見られる。

女部司
　采女司，采部司とも記される。斎宮の女官体制では采女の明確な規定はなく，女孺と同義で使われている例もある。宮中の采女司の機能と比較して考えると，女官の管理，考課（勤務評定）を行う司ではなかったかと考えられる[註9]。

掃部司
　宮内の清掃や儀式設営に関わる司。8世紀段階では大蔵省掃部司と宮内省掃部司があり，それに準じたものと見られる。なお両者は9世紀に統合され，

41

掃部寮に一元化されるが,斎宮では当初から分化はなく,内院・外院関係なく対応していたと考えられる。

　門部司

　ここまで見た司は民部省被官だが,斎宮には兵部省被官,つまり武官の司が二司あった。門部司と馬部司である。門部司は文字通り門衛の司で,伴氏が門部長に見られる事例もある。神郡の民を徴発し,斎宮の門衛に充てるという規定も延喜斎宮式には見られる。斎宮内院には南門があり,正月にはこの門を開いて斎王拝賀が行われるなど,門の管理が重視されていたことがうかがえる。しかし斎宮では門はほとんど発掘されておらず,区画と道路の間に塀のようなものもほとんど見られない。つまり実態と規定に相違が見られるのである。なお斎宮では鏑矢が一点発見されており,彼らに避邪的な機能が期待されていた可能性も指摘できる。

　馬部司

　馬匹の管理を行う司である。延喜斎宮式によると斎宮官人には馬が給され,斎王の御馬もあったとされるので,馬匹管理は重要な職掌であったと見られる。さらに馬を使っての京との通信連絡もこの司が関わっていたと考えられるので,その役目は重要なものであったと考えられる。また,馬を飼う以上牧の管理が想定できるが,その実態は全く分かっていない。

　このように斎宮の十二司は,斎宮の日常生活に関わる部局であり,行政事務に特化された斎宮寮を実務的に補完することを期待された部局だったと考えられる。それは中宮職や東宮坊とも似たものであり,宮中の特定皇族に与えられた自己完結した機関,一種のオイコス(家産機構)的な存在だったと考えられる。ただし斎宮寮は封戸のような独自財源を運用して維持するという側面が弱く,国家財政である常陸から京に至る国々の調庸の一部を財源として運営されるようになっていた。前述のように,その契機もまた,井上内親王の段階に求めることができるのである。

6. 斎王制の中断

　ところが8世紀中盤になると,斎宮の実態は極めてわかりにくくなる。まず井上内親王のその後は明らかではなく,同じ聖武朝の天平18(746)年に県女王が斎王となる,という記事があるので,それまでには帰京していたも

のと見られる。天平16（744）年の弟，安積親王の死去によるともされるが明確ではない。翌，天平19（747）年には井上は無品から二品に叙品されており，帰京に伴う報償的な措置であるとすれば，県の就任までは斎王でいたことになる。すると井上は無品のままで斎王でいつづけたことになる。また，斎王という職掌には官位相当はないので，無品であっても問題はなかったことがうかがえる。

　天平感宝元（746）年に即位した聖武の娘，孝謙天皇の時代には『続日本紀』には斎宮関係の記事はない。しかし平安時代の儀式書，『北山抄』の斎王帰京の前例記事の中に孝謙朝の前例があることが確認され，斎王がいたことは確実となった（『一代要記』『斎宮記』などの後世史料に，斎王として小宅女王，小宅内親王の名がある）。そして次の淳仁天皇の時代にも天平宝字2（758）年に斎王が置かれ，翌年斎宮頭が任命された。しかし，この斎王の名前は記されていない（『一代要記』などの後世資料は大炊王＝淳仁天皇の娘，山於女王または安陪内親王とする）。そして次の称徳朝には，斎王に関する記録は全く見られない。称徳は尼僧の天皇で，伊勢神宮に神宮寺を置くなどの改革を行っているから，斎王自体を置かなかった可能性が極めて高い。

　しかしこの時期の問題点は，孝謙・淳和・称徳朝ともに後世「なかったことにしたい」時代だったということである。天皇が恵美押勝の乱により淡路に流され，廃帝となって終わった淳仁朝の行政文書は，焼失，あるいは廃棄された可能性がある。また孝謙（称徳）朝も称徳の死により光仁天皇の即位という大きな転換があったため，満足に行政資料が引き継がれたのかどうか極めて疑わしい。そんな時代なので，斎宮についても満足な記録が残されていなかったのではないかと思われる。

　称徳天皇の時代には，伊勢には神宮寺が置かれていた。この神宮寺は多気町の逢鹿瀬廃寺が有力とされているが，その実態についてはわからない事が多い[註10]。もともと逢鹿瀬廃寺が神宮寺とされるのは，逢鹿瀬寺を太神宮寺とするという『太神宮諸雑事記』神護景雲元（766）年十月三日条によるものである。しかし『続日本紀』によると同年には最勝王経の溝読により瑞雲が外宮の上に現れたとしており，また神宮寺には丈六仏があったという。逢鹿瀬廃寺は内宮から15kmも離れており，七堂伽藍が配されるような平地ではなく，ここで最勝王経の溝読のような国家仏教敵儀礼が行われるのかど

図8 逢鹿瀬廃寺出土の軒丸瓦
(三重県埋蔵文化財センター)

うか,いささか疑問である。しかもここで発見されている瓦は至ってローカル色の強い物で,国家的な寺院とは考えにくい。そして神宮寺の丈六仏が造られたのは天平神護2(766)年のことで,これは称徳天皇即位の二年後で,道鏡が法王になった年である。つまり神宮寺での丈六仏の製作は,この時期の伊勢神宮への政策の最大眼目だったと考えられよう。

とすれば,伊勢神宮の神宮寺は,それまでの斎宮に代わるものとして,国家と神宮の関係の象徴として整備されたものと考えられるのである。

そして斎宮跡でも,奈良時代中期についてはいまだにわからないことが多いのである。

〔註〕
(1) 義江明子「つくられた卑弥呼 ―〈女〉の創出と国家―」筑摩書房 2005年
(2) 榎村寛之「大来皇女と続日本紀」『続日本紀研究』503 2006年
(3) 榎村寛之「斎王を送る行列について」『伊勢斎宮の歴史と文化』塙書房 2008年
(4) 古川淳一「斎宮寮に冠する基礎的研究」『日本律令制論集・下』吉川弘文館 1993年
(5) 所京子「『中右記部類』斎宮守子の群行発遣記録」『斎王の歴史と文学』国書刊行会 2000年
(6) 佐々田悠「神祇官の財政構造 ―古代神戸の性格と分布―」『延喜式研究』27 2011年
(7) 倉田直純「ヘラ描き土器『水司鴨□』について」『三重の古文化』47 1982年
(8) 榎村寛之「斎宮殿部司の性格について」『斎宮歴史博物館研究紀要』22 2013年
(9) 榎村寛之「斎宮十二司についての基礎的考察」『伊勢斎宮の祭祀と制度』塙書房 2010年
(10) 山中由紀子「伊勢神宮寺をめぐる諸問題」『斎宮歴史博物館研究紀要』18 2009年

③ 遷都と律令国家体制の強化

1. 光仁朝の「斎宮」

　斎王が確実に復活したのは光仁朝のことである。称徳天皇の没後，天智天皇の皇子，施基親王の王子であった白壁王は，藤原百川，永手，良継らの推戴と，右大臣吉備真備の辞任という変動の中，神護景雲4（770）年8月に立太子，10月に即位という慌ただしさで新天皇となった。これが光仁天皇である。天皇の正系の後継者がいない時，三世王から後継者が選ばれることについては，これまでも道祖王（後に廃太子）や大炊王（淳仁天皇）などの例があったが，白壁王の場合は，正妻が聖武朝の斎王である井上内親王で，藤原光明子以来の皇后になったことが注目される。光仁はいわば聖武の婿として即位したのであり，聖武の孫である他戸の存在を前提としたものであり，『続日本紀』はそうした童謡の存在も記録している。

　　　葛城寺の前なるや　豊浦寺の西なるや　おしとど　としとど　桜井に
　　　白壁沈くや　好き壁沈くや　おしとど　としとど　然して国ぞ昌ゆる
　　　や　おしとど　としとど

　というもので，井の中に白壁が沈んでいる，つまり井上に庇護された白壁王と歌っているのである。

　井上は奈良時代の皇族皇后として唯一の存在であり，これより以前の皇族皇后となると持統天皇まで存在していない。奈良時代の女帝を見ても，元明は文武の母であり，元正は未婚のまま天皇となり，孝謙も同様であった。皇族皇后の長期不在化より，皇后大権はかなり形式化しつつあったと指摘もされるが，光仁は即位まで正三位で，井上は二品だった。

　また神護景雲2（768）年には，白壁王と井上内親王は，新羅交易物を購入するための綿を賜与されている。この夫婦は称徳政権の段階ですでに重要視されており，王位継承者と想定できる他戸の父母として称徳の王位継承構想に入っていたと考えられる。つまり井上は，すでに称徳段階で重視されていた皇女であり，その権力が，光仁天皇に従属したにすぎないものだったとは考えにくい。

　一方，光仁政権が，藤原永手・家依父子・良継・百川らによって擁立されたものであることを考えれば，光仁が称徳のような専制権力を行使でき

たとは考えにくい。さらに井上の皇后宮職の大夫は光仁王権の領袖の一人，藤原家依であり，皇后宮職が光仁王権の重要部分と位置づけられていたことがわかる。

そして井上と光仁の八歳の年齢差を考えれば，井上にも皇太后臨朝または即位の可能性があったことは否定できないだろう。すでに井上には，聖武直系という血統の，皇太子の後見者という立場を持つ皇后となっていたのである。井上は天武朝における持統と同様な立場にあったといっていい。

このような状況下で宝亀2（771）年11月，気太王という皇族が伊勢に遣わされ，斎宮が再置されるのである。称徳が神宮寺を介した伊勢神宮支配を推し進めていたとするなら，仏教の政治への介入を斥けようとした光仁政権が斎王制を復活させるのはごく当然のことである。そして斎王となったのは，井上の娘，酒人内親王だった。

光仁朝の措置が新たな伊勢神宮政策の顕れだとすれば，酒人内親王の斎王就任の意味は極めて大きなものとなる。光仁天皇の皇子女は，山部親王や早良親王をはじめとして少なくないが，その中で酒人内親王は光仁が即位した宝亀元（770）年には三品に叙せられており，同母弟で皇太子となった他戸親王とともに特に重視されていた皇族であることがわかる。後世の史料ではあるが『水鏡』には，光仁が酒人立太子を考えていたという記述もある。そんな皇女を斎王に選定したことは，伊勢神宮重視を明確にする行為であるとともに，斎王の母で，しかも元斎王であった井上の皇后権力を更に強める結果となったと考えられる [註1]。

光仁朝の斎宮は，史跡東部で確認されている，斎宮Ⅱ-1期の区画であることはほぼ確実である。二重の塀で周囲から隔絶されたこの時期に斎宮は，まだ周辺区画を伴わず，宮のみが突出したイメージが強い。それは井上が斎王だった時代の斎宮を再現したものではなかったか，とも考えられるのである。つまり光仁朝の斎宮復置は，井上皇后の権力を確認する政策ともなっていたわけで，それは井上本人の意志に関わらず，彼女の立場を強調することとなった。そして井上の存在は称徳に近い女帝の再来の可能性を秘めた，危険なものとなっていたのである。

2. 井上廃后と死霊への恐怖

ところが宝亀 3 (772) 年, 井上は光仁に対する呪詛 (巫蠱) の疑いで皇后位を剥奪, 幽閉され, さらに皇太子他戸親王も井上の子, という理由で, 皇太子位を廃される。さらに同 4 年には光仁天皇の姉, 難波内親王を厭魅 (呪殺) した罪を着せられ, 幽閉されて二年後に不審死を遂げることになる。他戸については遺されている記録から井上の四十歳以降に出産した子となることから, 養子ではなかったか, という指摘もあるが(註2), 養子に皇位継承権があるとは考えにくいし, そもそも聖武系の皇子でなければ他戸が重視されることは考えにくい。まして双系制の強いこの時代に, 養父の社会的権利を継承できる養子概念が成立していたことは立証されていない。これらの点から, 他戸が養子でありながら皇太子になれたとは考えにくい。高齢出産はありえないことではないし, 他戸の年齢の誤りも含めて考えるべきである。他の兄弟を抑えて他戸の立太子が行われた根拠は, 天智－施基－光仁－他戸という血統以上に, 聖武－井上－他戸の双系的優位性だったと考えざるほかに術はない。

図 9　井上内親王陵墓比定地 (奈良県五條市)

I. 斎王と斎宮

　その意味で他戸に代わって立太子した山部親王は、父方の遺伝子にしか優位性を求められなかった。山部、つまり後年の桓武天皇が、母方、つまり高野（倭）新笠の血統を重視できるようになるのは、郊天上帝祭祀に代表される、中国的な権力を志向した王権再編以降のことである。桓武は父系的関係を重視しないと権力基盤が固められない天皇であった。

　その欠点の克服措置といえるのが、桓武が、おそらく井上の喪によって斎宮から帰京した酒人内親王と、即位以前に結婚したことである。酒人は先述のように両親ともに天智・天武の正系に属する内親王で、斎王就任時には桓武より高位にいた。酒人との結婚は、桓武にとっては極めて自然な政治的判断だったといえるだろう。

　そして桓武には今ひとつ、酒人を重視しなければならない理由があった。それは井上の死霊への恐怖であった[註3]。

　井上は今の五条市のあたりに幽閉されていた。ここは大和の西南の境界領域である。いわば境界に追いやられ、そこで命を絶たれたのである。そして早くから、共に死んだ他戸とともに生きながら龍になったといわれた。他戸の死後、まもなく周防国に他戸と自称する男が現れたと『続日本紀』が記し

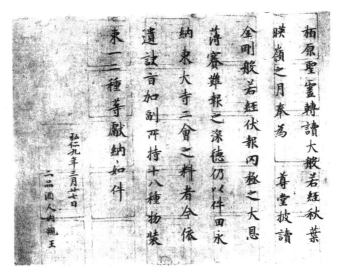

図10　酒人内親王の印が押された文書（正倉院宝物『東大寺 東南院文書』）

ているように，二人の死を巡る状況は当時の支配体制下でもほとんど共有されていなかったようだ。

やがて，井上の死霊への新しい政策が見られるようになる。宝亀8（777）年に改葬と墓を御墓と称する改定が行われた。例えば長屋王，道祖王，黄文王，塩焼王など政治的敗者となった皇族はそれまでも多かったが，このような形で名誉回復が行われた記録は他には見られない。元斎王であり皇后という高位に上り，呪詛により失脚して不慮の死を遂げるという特異な人生を送った彼女は，ただの政治的敗者として扱うには大き過ぎたのである。

こうして井上・他戸母子はまもなく伝説的存在となった。井上の墓の近くでは，宝亀年間の年号を持つ宇智川摩崖碑と呼ばれる大般若経の一部を記した石碑が遺されているが，この時期のこの地域の状況とは無縁であるとは思えない。井上の死霊は決して無視のできない存在であったろう。

そしてその娘である酒人も捨て置くわけにはいかなかった。もとより桓武以上に重視されていた皇女である。状況が変われば女帝になる可能性も残されていない訳ではない。桓武は言わば自らの即位に関わる政変の最終的決着のために酒人を引き取ったのである。

酒人は，その名を記した木簡が長岡京跡で発見されており，後述する娘の朝原内親王が亡くなった時に菩提を弔うために東寺に荘園を施入した文書も残されている。その薨伝によると美しく驕慢な女性だったが，桓武はその態度を制することはなかったとされる。

図11　酒人内親王の名のある木簡
（京都市埋蔵文化財研究所）

3. 朝原内親王と早良親王廃太子事件

酒人は桓武天皇と結婚して間もなく，朝原内親王を生む。皇子が生まれていればさらに政権内部の火種になったかもしれないが，当時は桓武天皇のもと，同母弟の早良親王が立太子しており，一応政権は安定した状況だった。

I. 斎王と斎宮

　そして朝原は母と同様，伊勢斎王となる。ところがこの斎王も，大きな政治的事件と関わることになる。

　朝原の伊勢派遣時は，平城京から長岡京への遷都が進行している時期だった。桓武はもともと奈良盆地に強い支持基盤を持つわけではない。彼の母親は渡来系氏族和氏の出身である。ところがその関係で，彼の周囲には渡来系の先進的な知識を有する貴族・官人層が集まり，一種の革新派官僚のセンターのようになっていたらしい。その代表的氏族が百済王氏であった。百済王氏は奈良時代には難波を中心に一種の亡命政権を持っていた旧百済王族であり，特に百済王明信は桓武に近侍した女官で従二位尚侍に至り，右大臣藤原継縄の妻で，中納言乙叡の母ともなった，権力の中枢部分にいた女性である。そして百済王氏は8世紀後期には北河内地域の開発を行い，大和と難波を木津川・淀川で結ぶ交通の要衝であるこの地域に勢力基盤を拡大していた。一方桓武の腹心にも同様の立場の者がいた。藤原種継である。種継の母は渡来系氏族で遣唐使の経験もあり，皇子時代の玄宗皇帝と碁友達だったという秦朝元の娘だった。つまり渡来系氏族の血を引くインテリ官僚だったのである。その秦氏の勢力基盤は淀川右岸の山城国葛野郡である。つまり淀川流域は，桓武の勢力基盤となっていたのである。桓武が平城京・難波京を廃して長岡京に一本化することを計画した背景の一つはこれだろうと思われる。

　ところが桓武の遷都計画には大きな問題があった。渡来系氏族を重視した桓武の政策は，仏教を重視した称徳の政策への反動として行われた光仁以来の政策の帰結であり，平城京の寺院はそのままに留め置く，という考え方の元に進められていたようである。その反対勢力が皇太子早良親王のもとに結集したのである。早良は皇太子禅師と言われるように，もともと東大寺の僧だった。

　そして朝原が伊勢に派遣される年，延暦4年（785）に大事件が起こった。朝原は平城京に都があった時に斎王となっており，長岡遷都には同行せず，おそらく平城京東郊の聖地とされた地域で，現在の春日大社のある周辺に置かれたと見られる「春日斎宮」にて斎居していた。桓武はその派遣のために長岡京から一旦平城京に帰還したのだが，その間に藤原種継が暗殺されたのである。この事件の首謀者とされたのが，その直前に故人となっていた中納

言大伴家持で，黒幕とされたのが早良親王だった。桓武の怒りは当然ながら大きく，早良は皇太子位を追われ，淡路に流される途上，抗議の断食自殺とも，絶食による衰弱死とも言われる壮絶な最後を遂げる。それでも桓武は遺体を淡路に送っている。

　ところがまもなく，早良の祟りが重大な政治問題となっていく。長岡京は難波京と平城京の合体を意識した都なので，川港である山崎津と，船舶繋留地である巨椋池を無視しては成立しえない。しかしこの地域は木津川・賀茂川・桂川の合流地点で，治水的に問題があり，渡来系氏族の高度な土木技術によって初めて開発が可能になったような所でもあった。そして長岡京の住居地域，特に左京は川沿いの低湿地に設定されていたため，不安定な治水や，その結果として生じる流行病などに早くから悩まされることとなったと考えられる。これら新都長岡京の，いわば人口密集地のインフラ軽視という都市政策の欠陥が，都市的災害の頻発につながり，それが早良親王の怨霊と結びつけて考えられたのである。もとよりそれ以前から死霊への恐怖は存在したものであろうが，平城京から長岡京への都市の再編により，大きな政治的変動である遷都と，これも政治的変動である政変の敗者の死霊が結びつけられたのである。

　早良は崇道天皇の名を贈られ，延暦24年（805）には諸国に小倉を建ててその「怨霊」を祀られることになる。都市民衆の間で囁かれていた「怨霊」思想は，こうした政策を通して「事実」と認定された(註4)。このことは重要である。いわば，沈静化するまで無視しておけばいいのに，国家が施策を打ち出したばかりに，死霊は怨霊として鎮護しなければならないものになってしまう。そしてこの時に，井上内親王にも再び脚光が当たる。井上は皇后に復位し，その墓は御陵とされた。かくして元斎王，井上内親王は，早良親王とともに忘れられない存在になってしまうのである。

　しかし桓武は怨霊におびえる小心な天皇ではなく，もちろん冷徹な政治家の一面があった。桓武は一方で，井上斎王の影響の及ばない，新たな斎宮造りを計画していたと考えられる。それは斎宮を，長岡京を意識したような碁盤目状区画を持つ，都のような巨大な空間として再開発することである。

　長岡京・平安京と続く新時代の首都に対応した斎宮の造営が始まるのである。

Ⅰ. 斎王と斎宮

図12 奈良市にある崇道天皇社
元興寺の南に平安時代初期に置かれたと伝えられる。

4. 方格地割の造営と布勢内親王

　桓武朝の政治課題は，宗教勢力の政治介入の排除にあった。仏教勢力はもとより，神祇勢力もその例外ではなかった。
　もともと神祇祭祀は大王家や有力豪族の氏族祭祀に基づくものであり，たとえば寺院のような自立性の強い結集核を持ち，自立性を担保した存在ではない。いわば祭祀の主催者が氏族結集の象徴として活用できる祭の場があればそれですむようなものだった。ところが8世紀には，そうした神が政治に対して主張を行う傾向が見られるようになる。典型的な例が，皇位継承にも関わることとなった宇佐八幡の神託事件であった。もとより神祇祭祀の対象「神」は一様なものではなく，宇佐のような人格神に近いものから，全くの自然神のようなものまで，色々な神があったものと見られるのだが，仏教の影響もあり，奈良時代に神の「進化」は著しく進んだものと考えられる。伊勢神宮もその例外ではない。瑞雲を発生させ，その当時の政権にアピールする伊勢神宮は，独自の政治勢力として展開する可能性を持っていた。じつは桓武は皇太子時代に伊勢神宮に派遣されたことがある。称徳や井上の一件もあり，伊勢神宮をそのままにしておけないという意識は強かっただろう。
　そして桓武が積極的に進めた伊勢神宮の改変こそ，斎王制の再編と『神宮

『儀式帳』の作成であったと考えられる。

　以前にも触れたが，神宮儀式帳，すなわち『皇太神宮儀式帳』と『止由気宮儀式帳』は，なぜ神宮が重要なのか，どのような組織体なのか，どのような儀式が行われているのか，なぜそれが維持できるのか，など，神宮についての情報を「文書にした」こと，そしてそれに基づいて『弘仁神式』の伊勢神宮についての規定，つまり「法律」が造られたことという二つの点で極めて重要な史料である(註5)。『儀式帳』には，天武天皇も大来皇女も井上内親王も伊勢神宮寺も出てこない。そして奈良時代の神宮に関する制度整備についての記事も全く見られない。つまりそこで語られているのは，過去から続いているような体裁を取った，平安時代的伊勢神宮の「あるべき姿の実態レポート」なのである。これにより伊勢神宮は遠隔操作の可能な神社となった。その遠隔操作を行う地域の拠点と位置づけられたのが斎宮だったと考えられる。長岡京の設計プランを意識した方格地割を持つ斎宮は，五百人以上の人々が働く，つまりその数倍の人間が関わる空間として再編され，その内部には付け替えられた鈴鹿関と伊勢神宮を結ぶ官道まで取り込んだ空間となった。いわば伊勢神宮へのゲートの役割を果たすようになったのである。そのゲートは伊勢神宮の権威ではなく，国家の権威を顕す「都の一環」として位置づけられた。斎宮が「竹の都」と言われる所以の一つである。

　さて，『儀式帳』には斎王の祭祀についての記述もある。儀礼のありかたが詳細に文章化されたのはおそらくこれが初めてだったろう。そこでは斎王は，神宮三節祭に参詣し，太玉串を捧げ，四度拝を行う存在として位置づけられている。それは巫女のすることではない。実際に『儀式帳』にも，神に近侍するのは斎王ではなく，神宮の巫女である大物忌で，それは神宮を定めた倭姫命が都に報告のために帰った時に代理を務めた「川姫命」以来の伝統によるという主張が述べられている。斎王はいわば天皇の代理として参詣しているのであり，だから神宮にも近侍しない，逆に言えば，斎王が自立した存在とならないように，規制を受けているのである。斎王は王権の枠の中で，定められた役割を果たす存在となっていた。そこに見られるのは，没個性的な斎王という「駒」にすぎない。

　その意味で興味深いのは，『儀式帳』提出時の斎王，つまりその中で意識されている斎王が，朝原内親王ではなく，その妹の布勢内親王だったと見ら

I. 斎王と斎宮

れることである。朝原内親王は特に理由も無く伊勢斎王を解任されている。『日本後紀』逸文によると,朝原の意思による帰京を桓武が認めたことになっている,極めて異例なことである。そして朝原は,帰京後に平城天皇の後宮に入るも,のちに妃位を返上するなど,母の酒人にも似た自己主張の強い女性だったと見られる。その一方で,妹の布勢は,柔和で従順な女性だったと記録されている。あるいは朝原は,『儀式帳』の記述に縛られて制度化される斎宮に反発して退出したのかもしれない。また桓武の側から見れば,井上・酒人・朝原と続く聖武系の,いわば潜在的に王権の火種となっていた斎王の存在にピリオドを打ち,斎王と伊勢神宮を名実共に体制内化するという意図のもとに朝原を退下させたのかもしれない。いずれにしても,斎宮の改造と朝原の退出は,桓武朝における伊勢神宮政策の転換と密接に関係していると考えられよう。

　そうした点で布勢は象徴的な斎王であった。彼女の母は中臣氏系の女性であり,中央の神祇官に近い立場にいた皇女だったことがわかる。また彼女には斎王在任中に多気郡に,後に東寺領大国荘となる封戸が与えられている。過去の斎王にはなかった地域への影響力が付与されているのである。もとより少女である彼女が地域になにがしかの権力を行使することがあったとは思えないが,その管理者が地域権力者としての立場を強化することには役立ったものと考えられる。

　布勢内親王は,いわば,王権祭祀に直結し,神宮支配の一環として位置づけられた,体制に従順な斎王の最初とも言える存在なのである。

5. 中臣氏と平城天皇と大原内親王

　奈良時代末期の伊勢神宮に深くかかわっていた貴族に,大中臣清麻呂(702-788)がいる。もともと中臣氏は神祇祭祀に関わる氏族,と言っても卜いや託宣ではなく,祝詞を奏上することを氏の職とした氏族である。それは律令体制に適合した,儀礼化した祭祀の形成に最も適応しやすい,いわばオカルト的ではない祭祀氏族であった。また,言うまでもなく藤原鎌足は中臣氏から出ており,律令体制の中で最も力を得てきた藤原氏とも関係の深い氏族であった。

　その中で清麻呂は天平15(743)年に神祇大副になった。聖武朝のことで

ある。以後神祇官に深く関わりつつ，孝謙・淳仁・称徳・光仁朝と数多くの政変を生き延びてきた。この間，天平宝字6 (762) 年には参議となって公卿の列し，司政官として地歩も固めている。神祇関係氏族としては，孝謙，淳仁朝の斎王就任や，称徳朝の斎王廃止と神宮寺の造営にも深く関わっていたはずであり，事実，僧侶も参加して行われた称徳天皇の大嘗祭には神祇伯として供奉しており，称徳の神仏合一体制にも深くかかわっていた。

　このような立場の者なら，光仁の新体制下では失脚してもおかしくないのだが，じつに宝亀2 (771) 年には政権の首班となる右大臣に就任する。そして東宮他戸親王の東宮傅となったが，他戸の廃太子の後も失脚せず，山部親王の東宮傅をも務め，桓武即位後に致仕（辞職）している。

　つまりは律令神祇政策に通じていたことを武器に，権力が期待する神祇政策を立案・実施し，政界を遊泳するというのが清麻呂の政界活動だったと考えられるのである。代替のきかない専門職の官人がその特技を最大限に生かして大臣に上り詰めたのである。そしてこの間，神護景雲3 (769) 年に大中臣朝臣を賜姓されている。つまり，藤原氏に続いて中臣氏から分支した独立氏族となったのである。

　大中臣氏は清麻呂以降も神祇祭祀氏族として継続していく。しかし政治氏族としての立場は清麻呂の嫡子の参議諸魚の次世代で失われたようで，諸魚の子孫は繁栄せず，神祇氏族としての立場を継承していくのは甥の淵魚以降である。

　ここで注意しておきたいのは，清麻呂とその後継者の諸魚が，井上失脚から方格地割造営に至る斎宮の整備と深く関わっていたはずだ，ということである。斎宮は律令国家の神祇政策の重要な柱ではあるが，神祇官の直属官ではない。むしろその支配は太政官と深く関わっていた可能性が高い。とすれば，神祇官人であるとともに公卿でもあった清麻呂や諸魚は，最も斎宮と関わりやすい立場であったと考えられよう。そして清麻呂の，その時代の流れに敏感に反応していく政治姿勢が諸魚にも受け継がれていたとすれば，方格地割の造成は諸魚の発案であったかもしれない。

　方格地割の造営と大中臣氏の関係を想像するのは，朝原より後の斎王，布勢内親王と平城朝の斎王，大原内親王がともに中臣氏との血縁関係が見られるからである。布勢の母は中臣丸豊子であり，大原の母は中臣氏の傍流氏族，

I. 斎王と斎宮

中臣伊勢連改め伊勢朝臣出身の伊勢継子で，皇太子高岳親王の同母姉妹であった。このような出自の斎王は以後見ることはできない。そして注目できるのは，桓武・平城ともに皇太子時代に伊勢神宮に参詣していることである。この二人は，代々の天皇の中でも特に伊勢と深い関係がうかがえる。さらに平城に至っては，大同4（804）年に健康を害して譲位した後，平城旧京に遷り，最初は大中臣清麻呂の旧宅に入っている。平城と伊勢神宮の関係は，大中臣氏との関係によって支えられていたと考えられるのである。

このように，方格地割に象徴される斎宮は，桓武・平城・大中臣氏体制と関係の深い施設であり，神祇政策以上に権力の象徴，あるいは大中臣氏の政治関与の象徴としての政治色が強い施設だったと考えられるのである。

しかし平城は，譲位の翌年の大同5（810）年，弟の嵯峨天皇を打倒し，都に平城京に返そうとするが，未然に察知され失敗に終わる。平城上皇の変である。平城の腹心といえるのは，中納言藤原仲成とその妹で平城の寵姫，藤原薬子であったが，嵯峨は仲成を拘禁の上射殺させ，薬子は平城とともに東国に走ろうとする。おそらく平城は奈良時代以来の東海道，伊賀国府から加太峠を越えるルートを使わず，名張から青山峠を越えようとしたと考えられるが，その先にあるのは，斎宮であり，伊勢神宮である。もしも平城が伊勢国に入っていれば，伊勢はその重要な拠点となり，斎宮もまた内戦に巻き込まれていた可能性が高い。

しかし嵯峨は歴戦の名将坂上田村麻呂に手配りをさせ，交通の要衝を押さえさせた。平城一行は大和を出ることなく平城京に引き返さざるを得ず，藤原薬子は毒を煽いで自らの命を絶った。

平城上皇の乱は，政治の中心を大和とするか山城とするかの，いわば桓武以来の遷都の連続に決着をつけた政変であり，平城の動きはこの政変が実は大中臣氏を介して伊勢神宮や斎宮と深く結びついていた可能性をうかがわせる。ということは，奈良時代回帰の方針の挫折は，伊勢神宮や斎宮にも何らかの影響を与えている可能性が指摘できるのである。

事実，内乱の勝者となった嵯峨天皇の時代には，斎宮についての史料は極めて少なくなる。例えば初代賀茂斎王となった嵯峨皇女の有智子内親王に対して，異母姉妹で伊勢斎王となった仁子内親王についてはほとんど記録が遺されていない上，彼女は無品で生涯を終わったようなのである。嵯峨朝の

斎宮は維持されてはいたものの、以前ほど重視はされなくなっていた。しかしその中で大中臣氏は伊勢神宮とは深く関わり続けていた。政界での影響力は失われたが、大中臣淵魚は嵯峨天皇に近似して、都で神宮の行政を掌握する神宮祭主としての地位を確立した。そして神宮大宮司を同族の大中臣氏に独占させ、伊勢神郡の雑務を掌握させるなど、南伊勢地域への影響力を強めていく。大中臣氏は、斎宮から大神宮司に乗り換えて難局を乗り切ったのである(註6)。

6. 斎宮頭と伊勢国司

　奈良時代末期、斎宮寮にも大きな変化が生じるようになる。それは斎宮頭と伊勢国司の兼任である。延暦10（791）年、斎宮頭賀茂人麻呂が伊勢国司を兼任することとなった。そして斎王の禊の費用の負担が、神郡から正税の運用、つまり国家負担に替えられた。

　『続日本紀』が伝えるのはただこれだけの事実だが、これには興味深い背景がうかがえる。まず、斎宮頭賀茂朝臣人麻呂についてである。彼は歴史的には全く無名人だが、賀茂氏の出身という所に興味がひかれる。当時カモを名乗る氏には二流があった、大和国葛城郡を本拠とする鴨直氏と、山城国葛野郡を本拠とする賀茂県主氏である。そして賀茂朝臣は葛城の賀茂氏である。賀茂朝臣からは奈良時代後半の称徳朝の頃、法臣（僧で大臣を兼ねる者）の円興が出て、またその弟の高賀茂朝臣らには「高賀茂朝臣」が賜姓されるなど、王権に接近した氏族で、神祇大副にも賀茂塩管、大川、高賀茂諸雄などの名を見ることができる。この時期の神祇官にだけ深く関わった賀茂氏が斎宮頭に就任し、伊勢国司を兼ねるというのは、神祇官と斎宮の関係をより強化しようとした措置と考えることができるだろう。禊の費用の振替の問題も、神祇官と太政官に架かる課題なので、人麻呂のような人材を必要としたとも言えるのかもしれない

　斎宮頭と伊勢国司の兼任は以後もしばしば見ることができ、『伊勢物語』第六十九段「狩の使」では、斎宮頭が伊勢国司を兼ねて斎宮にいないため、在原業平は自由に出来た、と読める記述さえある。その典型的な人物として中臣丸豊国と長岑高名を挙げておきたい。中臣丸氏は、中臣と丸（わに）氏の複姓氏族で、中臣氏に属する傍流氏族である。豊国は延暦18（799）年に

斎宮頭になっている。中臣系斎王の布勢内親王の時代である。そして大同元(806)年に伊勢介を兼ねる。この間，延暦25(806)年には桓武から平城への代替わりが行われており，斎王も布勢から大原に替わる。それに併せて平城と関係の深い中臣系の斎宮頭に対して，より強力な権益が付与されたものと考えられよう。ただし豊国は伊勢介であり，伊勢国府には詰めていなかった可能性が高い。つまり斎宮頭としての権威強化のための伊勢介兼任だったと考えられる。斎宮は天長元(824)年から承和6(839)年まで多気郡を離れ，度会郡の離宮に移転する。それは太神宮司と同じ場所であり，斎宮寮と太神宮司に直接の上下関係を持たせようとした措置だと考えられる。しかし，この斎宮は火事により焼失し，再び多気郡に帰ることになる。おそらく斎宮と太神宮司の上下関係が沸点に達し，神宮の側から回答がなされた，ということだろう。そして斎宮寮の意味付けにも変化が見られるようになる。

　この移転事件が完結した後に斎宮頭となった長岑宿禰高名は，「良吏」と呼ばれた淳和・嵯峨天皇の信任厚い有能な官僚である。彼は伊勢守にして斎宮権頭を兼ねたとする。つまり伊勢国府を本務地としていたと見られる斎宮頭で，その任期は承和10(843)年から嘉祥2(849)年である。先に見た斎宮移転の背景には，9世紀前半以来，伊勢神郡の行政雑務について，斎宮寮か神宮の太神宮司のどちらが行うか，といういわば神郡の支配権争いが続いていたことが考えられるが，高名の段階で，実務の執行はどうあれ，斎宮寮の頭と助が神郡雑務を検校する，という体制が確立される。いわば斎宮寮は，神郡の実務的支配を放棄する代わりに，監督権を獲得したのであり，それは斎宮頭が，南伊勢二郡において郡を上位機構として支配する，国司的な役割を果たす体制を確立したことになる。

　このように，伊勢国における斎宮寮の権力のありかたは，時代によって変化が見られる。そうした変化の一環として，方格地割の造営やその変化も理解できるのである。

7. 方格地割の構造と斎宮の儀礼

　さて，このような8世紀末から9世紀初頭の政権の推移と，方格地割の構造とには何らかの関係を見いだすことができるだろうか。具体的な発掘成果を踏まえて考えてみたい。

③ 遷都と律令国家体制の強化

(1) 内院について

斎宮内院は，東部区画の第1期段階では一区画で二重塀によって囲まれており，方格地割の造成に伴い東西二区画となった。斎宮についての基本法典である『延喜斎宮式』には，斎宮に「寝殿」と「出居殿」があったとしており，これらを二区画の正殿と考えるのであれば，寝殿は内裏正殿，平安宮ならば内裏の紫宸殿に対応するものと考えられ，一方出居殿は政務・儀礼空間である朝堂院の正殿である大極殿，または饗宴空間の豊楽院の正殿，豊楽殿に対応するものと考えられよう。

このような分離が想定できるとすれば，その前提にあるのは，斎王の居住空間と儀礼空間の分離ではないかと考えられる。そこで想起されるのは，『儀式帳』の年中行事の字条文の中に，正月三日，神宮関係者が斎宮に赴き，斎王の拝賀を行うという記述が見られることである。

この拝賀は『延喜斎宮式』にも見られ，神宮の他，神郡の郡司らも拝賀すること，拝賀は南門を開いて行われることが記されている。奈良時代の大極殿が，南門で朝堂院と隔てられ，正月朝賀はこの門ごしに行われていたことを思い起こさせる儀礼である。

そして『斎宮式』には，正月元日に斎王が神宮を遥拝して，その後斎宮寮官人が斎王を拝賀する儀礼があったことを記している。正月に複数回の斎王拝賀儀礼があるのは，天皇の場合と同様である。そしてこのような儀礼は，寝殿・南門・その南の南庭という儀礼空間が形成されて初めて形になるものだろう。つまり，方格地割内の内院の造営は，斎宮と神宮関係者の儀礼による支配関係を明示するものだったと考えられる。

(2) 斎宮大蔵について

方格地割の東から3列目，北から1列目の西加座北区画では，2間×5間の企画の掘立柱建物が4棟×4列の16棟が整然と並んでいた様子が確認されている。これまでの調査では，斎宮の蔵部司が管理していた倉庫群ではないかと考えられており，長岡京や平安京でも，大内裏の大蔵が北辺に置かれていたことから見ても，その可能性は極めて高い。実際には平安宮の大蔵は都市化の進展のため発掘された例がなく，その形や機能を想定する意味でも重要な区画といえるだろう。

また，この建物群が出来たのは内院地区第2期，つまり桓武朝のことで，

Ⅰ. 斎王と斎宮

　その際にはこの西側の下園東区画では建物が確認されていない。物品管理施設という性格から，建替えと継続的な使用を考えれば，神宮と同様の移転先を想定した設計プランが採られていた可能性がある。先述したように，斎宮の経済が国家経済に組み入れられたのは奈良時代のことであった。しかしその頃の倉庫群は未だに発掘されておらず，実態は不明なままである。一方，奈良時代の斎宮跡ではしばしば総柱の伝統的な倉が発見されており，内院地区第1期でも見ることができる。ところが2期以降，内院区画ではそのような建物は確認できなくなる。斎宮の収納プランに大きな変化で生じた，ということだろうか。

　斎宮の蔵は単なる収納施設ではない。諸国からの調庸の一部を受け取り，返抄を出した後に管理する，いわば国家予算を預かる施設であり，斎宮の文書行政と密接に関係した，いわば先進的な管理機構の一端なのでる。当然その中身は国家の権威を顕すとともに，外観にも同様の効果が求められたものと考えられる。つまり蔵こそは経済的優位性の象徴であり，斎宮の権威の一翼を担う施設であったと考えられるのである。

　このように考えると，方格地割が桓武朝後期の斎宮の権威を視覚化したものであるとするならば，斎宮の経済を集約し，建替え予定地を含めた設計プランを明示した倉庫群区画には，内院にも劣らない重要な意味があったものと考えられるのである。

(3) **斎宮主神司**について

　さて，斎宮内院の東側，東から三番目，北から三番目の区画，通称鍛冶山西区画の北側の区画，通称西加座南区画では，内院地区第1期の段階で不思議な小区画が確認されている。柴垣程度の塀を巡らせた中に，東西方向の正殿と南北方向の脇殿が逆L字に配されている，という空間である。この区画の中には井戸がなく，また遺物も少なく，生活感覚がほとんどうかがえない。斎宮の復元模型の中では，主神司が斎宮内の神を祀った神殿と考えられているが，斎王が生理中に籠った御汗殿ではないか，という考え方もあり，特に決定打がないままに現在に至っている。

　この区画について興味深いのは，内院のみが突出した光仁朝斎宮の段階で造られ，その後建替えられていないこと，つまり方格地割段階には継承されていないらしいことである。もとより方格地割が造営された段階で壊された，

とは発掘からはとても言えないのだが,少なくとも方格地割段階では,このような小区画は他に確認されていないのである。方格地割の中では斎宮主神司の区画も明らかではなく,まだ未調査の区画の中にある可能性も高い。一方斎宮主神司は神祇官直接支配の施設となり,斎宮寮とは切り離されることになる。この区画がそれ以前の主神司であるとするならば,方格地割の造営機期の主神司の性格変化が何らかの影響を与えているのかもしれない。そして方格地割内は,より整然としたプランで運営されるようになった,と理解することも可能か,と思われる。

(4) 斎宮寮の正殿について

　斎宮の方格地割内の中で唯一,その全容がほぼ解明されたのは,東から四番目,北から三番目の区画で,三棟の復元建物を中心とした史跡整備の完成が予定されている。通称「柳原区画」というこの区画の正殿は四面庇を持つ建物である。

　大極殿や国庁の正殿など,あるブロックの重要な建物は,四面に庇を持つことが多い。全方位どこにも屋根を伸ばした形は,それ自体が権威の象徴となっていたと考えられる。そうした建物がこの区画の中央部分では,200年余りに亘って造り続けられていた。そして四面庇の建物は,南面して建てられることが多い。それは,南側の一定の広場を伴うことを意味している。こうした建物の成立は,その区画での南庭の存在を前提としていたと考えられる。

　それは斎宮頭を首座とした儀礼大系の成立と連動している。つまり斎宮寮と斎宮十二司の明確な支配統属関係が確立していることを意味しているのである。例えば『延喜主計式』には,「凡そ諸国斎宮寮に進納せる調庸雑物は,彼の寮の移の返抄を待ち,抄帳と勘会せよ」とあり,『主税式』には,「凡そ諸国斎宮寮に進む調庸雑物,もし未進あらば,彼の寮の年終に移送せる未進の数に随い,国司公廨を没せよ」とあり,諸国から斎宮には毎年調庸の一部が送られており,それに対して,斎宮は各国府に「移」(同等の立場の官司同士で送る書式)で返抄することになっていた。こうした公文書の受け取り,受け渡しの儀式や,調庸自体の受け入れの儀式などはまさにこうしたスペースで行われたことが想定できるのであり,それは儀礼による斎宮頭の権威の確立を意味していたと思われる。もともと斎宮寮は,斎宮の家政機関的な組

Ⅰ. 斎王と斎宮

織としてスタートした，いわば内向きな性格だったと考えられるが，こうした儀礼やその場所の確立により，権威と行政的な機能を正面に打ち出し，外向きに性格を変えていったと考えられる。

それは方格地割の造成とも対応する，平安時代の斎宮に相応しい改革の表象だった理解できる。四面庇の斎宮寮建物は，儀礼区画としての斎宮寮が，斎宮本体とともに重要な場となったことを意味しているのであろう。

(5) 斎王の森について

斎宮跡の中で早くから斎宮の中心地として伝承されてきた場所に「斎王の森」がある。近世の地域記録には，斎宮の跡と伝承されてきた地名として，「西王の森」と，「旧地の森」がある。前者は「斎王の森」であり，後者は「野宮」とも伝わっていた今の竹神社である可能性が高い。『伊勢参宮名所図会』には，伊勢街道沿いに鳥居があり，少し北の方に祠のようなものが見られる，という挿絵がある。しかし幕末の神宮祢宜で国学者の御巫清直『斎宮寮考証』によって，「野宮」は源氏物語の読み違えによって付けられた後人の賢しらの産物であると否定され，以後，斎宮は斎王の森を中心に広がると考えられてきた。

ところが発掘調査が進展しても，斎王の森周辺で大型の建物は見つからず，少なくとも平安時代の斎宮の中心とは考えにくく，むしろこの区画は，方格地割の西北の角に当たると考えられるようになってきた。

さて，近年各地の国府の発掘の進展により，国庁の範囲が確定される頃に，その境界で祭祀遺跡が確認される，という事例が増加してきている。かつて律令国司制とともに造成がはじまったと理解されていた碁盤目状の国府は，近年では平安時代，9世紀頃に順次成立したものと判明しており，その中心である国庁区画の境界を確定する際には，祭祀の場も設置されたと考えられているのである[註7]。

そして方格地割を斎宮に関わる行政機能の集合体と考えれば，その境界に祭祀の場が置かれても不思議ではない。事実方格地割の東側でも，北端の道路を東に250mほど延長したあたりに，丑寅神社という神社の跡がある。明治の神社統合により，現在は竹神社に合祀されている神社だが，近代の地誌などでは，内院の丑寅（東北）の鎮めと推定されている。東北（丑寅＝鬼門）の鎮めが丑寅神社だとすれば，斎王の森は西北＝乾の鎮めと理解できるだろ

う。乾は魔風の吹き込む方向であり、伝統的な意識の中では、丑寅以上に忌避された方向であった。

このように、斎王の森は、方格地割の設計思想の一端を今に伝える遺跡だと考えられるのである。

8. 桓武の王権と律令国家の転換と斎宮

この20年ほどの間に、9世紀史の考え方は、大きく変化してきた。はやく吉田孝氏は9世紀を古典国家確立の時代と捉え、それまで律令制の衰退期と捉えられていたこの時代を、国家制度が建前的な律令体制から、より実態に近く、後世の範になるような体制への転換期と理解した(註8)。また、大津透氏は、石母田正氏によって提起された在地首長制社会、つまり大化前代以来の地域首長が共同体を全人格的に体現し、国家はその旧来の社会体制を郡司制として温存しつつ、その上に国家体制を構築していた、という体制の克服が始まる時期として9世紀を位置づけ、10世紀にそれを克服したのが受領制に基づく国家である王朝国家だとする(註9)。

さらにこれらの考え方を受けて佐々木恵介氏は、9世紀の歴史について、次のような見通しを立てられた(註10)。

まず、王権については、様々な手段で王権の強化につとめ、征夷と造都という二大事業を推進した桓武による強化が始まり、その体制を受け継いで安定した継承を行った平城、平城との確執の中で権力を固め、格式の編集や儀礼の整備など行政システムを確立し、太上天皇制を確立して天皇家の家父長として君臨した嵯峨と続く体制の間に「天皇が個人的資質の如何にかかわらず、安定した国政の頂点に立てる体制が整えられる」とする。そして清和がわずか9歳で即位できたこともその地ならしの成果であり、9世紀後半には摂政と関白が、天皇の政治的機能を補佐するものとして成立する。

また貴族制を見ると、藤原氏以外の旧来の貴族層の衰退が加速されるが、またその一方で、天皇との個人的関係や官人としての能力、文人としての学識などによって朝廷内で出自に関わらず地位を高める可能性も見られた。

一方、地域社会では、郡司の地域支配に依存していた戸籍・計帳の作成にもとづく個別人身支配や班田収授、租庸調制などは破綻していくが、国司は土地の把握を基礎としたて支配方式を生み出し、地方支配が人から土地へと

転換していく。郡司層は国司の下僚となり，伝統的支配力ではなく，実務能力が期待されるようになる。

　このように9世紀の政治・社会を理解する時，斎宮における方格地割の形成は，どのような意義をもって理解されるだろうか，という点をこの章の小結として考えてみたい。

　桓武による造都は，目に見える国家体制変革の象徴として行われたものと考えられる，そして方格地割の造営は，それと同様に，伊勢神宮に関わる国家の権威を伊勢地域に明確化することを目的としていたと考えられる。それは斎王個人の権威とともに，斎宮寮によって動かされる，斎宮というシステムを明示したものであった。方格地割はその内部に交通路を取り込み，斎宮内院の北側で，斎宮寮と内院の間を都と神宮を結ぶ道路が通る，という設計になっている。都から伊勢にもたらされる物流や情報は，必ず斎宮の中を通る，というシステムの確立は，斎王のための家政機関だけではなく，南伊勢地域の行政・情報センターとしての斎宮の位置づけを強調したものと考えられよう。

　そして桓武の後半から嵯峨にかけての斎王には，強い個性が全く感じられなくなる。それは井上・酒人・朝原の三代にわたる個性的な斎王とは極めて対照的である。これは資質に関係なく，安定したシステムの上に運用される天皇制の斎宮版ともいえる変革であると思われる。斎宮を代表するのは，斎王個人ではなく，斎王と呼ばれるシステムであり，斎王はそのシステムに基づいて運用されるツールとしての性格が強くなり，次第に個性を喪失していく。

　ところが，こうした歴史の間には，重要な問題が挟まっている事が多い。斎宮の場合，それは淳和朝に見られた斎宮の度会郡移転である。先に述べたように，斎宮の度会郡移転は太神宮司の上位に斎宮寮を位置づけるための改革だったと考えられるが，これによって方格地割はおよそ三十年で放棄されてしまうことになる。この移転の直接的な動機は，その時期の『日本後紀』の残り具合が悪く，明確でない点が多いのだが，十五年後にふたたび多気郡に戻る時の官符には，伊勢神宮から遠いので移した，と記されている。しかしそれもおかしな話で，本来斎宮は多気郡の西端に立地しており，いわば神郡の中でもっとも都に近い所に置かれた施設だったのである。その特色の放棄は，重大な方針転換の筈なのだが，その理由はほとんどわからないままに

なっている。しかし淳和朝の斎王，氏子内親王には大きな特徴がある。彼女は淳和第一王女で母は桓武天皇の娘高志内親王である。もともと淳和は平城・桓武の弟として即位した天皇だが，母は兄二人と同じではない。彼の即位の重要な根拠は，平城・嵯峨の同母妹，高志内親王の婿だったから，と考えられる。氏子の母はそれほどに重要な女性であり，淳和の最初の皇太子，恒世親王の姉妹でもあった。つまり前後の斎王に比べても格段に「筋がいい」のである。そして度会離宮院の斎宮は彼女のために用意されたものと考えられる。つまり淳和は，斎王制度については，やはり目立つ斎王を置くという，嵯峨とは全く異なるビジョンを描いていた可能性が高いのである。しかし氏子は群行後わずか二年で病気のために帰京する。しかしその後は健康だったようで，八十歳前後の長命を保つ，ところが皇女としては最低の無品内親王として生涯を終えたらしい。おそらく彼女は本来の役割を果たせなかった斎王なのである。そして度会離宮の焼失の後三年，承知9（842）年には承和の変が起こり，淳和系の皇族は天皇位から遠ざけられることとなる。淳和の目指した斎宮や伊勢神宮のあり方については，なお検討すべき点が多い。

　さて，9世紀の斎王は，氏子を除いて天皇の一族であれば出自を問わないような選ばれ方をして，個性を喪失していく。その代わり，というわけでもないが，9世紀の南伊勢地域で重要な役割を果たすのは太神宮司と斎宮寮であり，南伊勢地域の9世紀前半の地域史は，どちらが神郡の雑務を掌握するか，という問題が中心になっていた。桓武天皇の時代，多気郡には斎王布勢内親王の名義で私領が開発された。朝原内親王などもそうだが，この時代の斎王や皇族には，こうした形で私領が一種の封戸として与えられることばしばしばあったのだが，この布勢内親王領について興味深いのは，この領地が後に東寺に寄進され，大国荘となることである。この私領は，櫛田川上流の氾濫原に置かれた不安定な条里区画をもとに，未開発地を抱え込んで成立したものと考えられるが，問題はその土地が斎宮寮によって開拓，耕営されていたわけではない，と考えられることである。大国荘の史料を見ると，この土地は田堵と呼ばれる人々が請負耕作をしていた。彼らは在地の有力者で，墾田開発などにより台頭してきた新規有力者層「富豪之輩」と説明されることが多い。しかしかれら田堵で実名がわかる者の中には，内宮祢宜の荒木田氏のような神宮に関わる在来氏族も少なくない[註11]。旧来の氏族の分化，

I. 斎王と斎宮

拡大とこうした新規墾田の請負もまた連動しているわけで,単なる新旧地方豪族の交替,とは言いがたいものがある。一方,斎宮より西側には櫛田川下流域の広範な氾濫減が展開していたと考えられる。この氾濫減は実質的に多気郡と飯野郡の境界ともなっていたと思われるが,この地域でも用水の開削と一体になった墾田開発の様子が,松阪市堀町遺跡[註12]や朝見遺跡[註13]など,斎宮跡の西部で近年調査が進む遺跡から,次第に明らかになりつつある。これらの遺跡では,櫛田川から高度な技術によって誘引された用水を基にした計画的な開発が進められている。その開発主体は,高級陶器である緑釉陶器や灰釉陶器を入手でき,土器に文字を書くような層だったと考えられている。こうした痕跡は櫛田川流域では断片的なものも含めて広く確認されており,その開発主体の一つに斎宮を想定することも決して無理ではない。斎宮は周辺の未開拓地を囲い込み,墾田開発に実績のある層と結びついて資金や道具などを提供し,荘園的な開発を進めていた可能性がある。それは斎王個人ではなく,南伊勢という地域に根ざした斎宮が,いわば国衙領のようにその支配の基盤を確立しようとした様を示唆するものなのかもしれない。しかし反面,このような関係は地域の新旧豪族層の関係を不安定化させ,地域と斎宮の軋轢を進めることにもなろう。太神宮司と斎宮寮の神郡雑務権をめぐる争いの背景には,こうした旧来の地域社会の解体と新規共同体の形成があったものと考えられる。9世紀の南伊勢地域は,斎宮方格地割の造営による斎宮寮の機能強化を一つの契機として,新たな段階への蠕動を開始していたとも考えられるのである。

　そして斎宮寮の長官,斎宮頭にはこうした地域事情に対応できるような人材が要求されていたようである。8世紀末から9世紀にかけての斎宮頭には,王権に直結する賀茂氏や中臣氏,あるいは良吏として名を馳せた者もいる。まさに天皇との親近性によって天皇の娘である斎王を補佐する体制が定められる,という傾向が見られるのである。それは斎宮寮が単なる斎王の家政機関ではなく,王権の意志を体現し,斎宮というシステムを動かすことを期待される官僚組織の中に位置づけられたことを意味している。その意味で9世紀の斎宮は,より地域を強力に掌握し,国家の基盤を固めようとした9世紀王権に相応しい組織として,メタモルフォーゼを行っていたと理解することができるのである。

〔註〕
(1) 榎村寛之「元・斎王井上内親王廃后事件と八世紀王権の転成」『国立歴史民俗博物館研究報告』第134集　2007年
(2) たとえば，春名宏昭『平城天皇』吉川弘文館　2008年　など
(3) 大江篤「『巫覡』と厭魅事件」『日本古代の神と霊』臨川書店　2007年
(4) 山田雄司『怨霊とは何か』中央公論新社　2014年
(5) 榎村寛之『伊勢神宮と古代王権』(前掲)
(6) 藤森馨「平安時代前期の大中臣氏と神宮祭主─祭主制度成立に関する一試論─」『改訂増補　平安時代の宮廷祭祀と神祇官人』原書房　2008年
(7) 平川南「古代の内神について」『古代地方木簡の研究』吉川弘文館　2003年
(8) 吉田孝『日本の誕生』岩波書店　1997年，『大系日本の歴史3　古代国家の歩み』小学館　1988年　ほか
(9) 大津透『古代の天皇制』岩波書店　1999年，『日本の歴史06　道長と宮廷社会』講談社　2001年　ほか
(10) 佐々木恵介『日本古代の歴史4　平安京の時代』吉川弘文館　2014年
(11) 星野利幸『斎王のおひざもと』斎宮歴史博物館特別展図録　2006年
(12) 『掘町遺跡』三重県埋蔵文化財センター　2000年
(13) 『朝見遺跡（第1・2次）発掘調査報告』三重県埋蔵文化財センター　2014年

4 律令国家体制の変容

1. 摂関政治体制の始まりと斎宮

　天安二年（858），清和天皇は文徳天皇の急逝によりわずか9歳で即位した。この時，藤原良房は清和の母，藤原明子の父，つまり天皇の外祖父という立場から，皇族以外ではじめて摂政という立場を委嘱されることになった。摂政とは官職名ではなく，まして称号でもなかった，それはいわば，天皇に代わり政治をおこなう「こと」であり，そのことを行う者にもその名が冠せられた，ということである。最も政治を行う，という意味では，承和の変以降，良房は政界の中心人物だったのであり，清和の父，文徳も健康面，精神面ともに不安があり，文徳朝の政界を実質的に政界を主導していたのは良房だった。その良房が摂政になる，というのは，実際にはかねてより行っている政界首班の地位の追認とも思える。しかし摂政にはもう一つ大きな意味があった。それは天皇の母，皇太后の代理ということである。

　良房の妻は嵯峨天皇の娘，源潔姫ただ一人である。つまり良房は嵯峨の女婿になる。その一人娘が文徳のキサキで清和の母となった藤原明子だった。従って文徳と明子はイトコ同士であり，清和は父母双系の曾祖父が嵯峨に連なるという優れた血統の皇子として生まれたことになる。そして藤原明子は，文徳即位とともに皇太夫人となった。天皇が幼少の場合，政務にも関われる立場である。良房はいわば，その代理として政務を任されたのである。つまり摂政となった彼は，天皇対貴族の対立関係において，天皇の側に立つことになった。それは天皇大権に関わる重要事項にも天皇の代理として参画しうる，ということである。そしての問題は斎王にも深く反映してくる。

　平安時代，嵯峨天皇より斎王は二人置かれることになっていた。伊勢斎王（斎宮）と賀茂斎王（斎院）である(註1)。清和の時には伊勢斎王は恬子内親王，賀茂斎王は儀子内親王である。恬子は清和の異母姉，儀子は同母妹である。当然儀子の方が厚く遇せられた内親王である。しかも恬子は清和と天皇の位を争ったといわれ，文徳も期待する所大だったという惟喬親王の妹であり，藤原良房から見ると必ずしも好ましい存在ではなかった。それは儀子が斎院在任時に三品に叙せられたのに対し，恬子にはそうした記録が見られないこととも対応しよう。とすれば，京の鎮めである賀茂斎王が優先的に重視

され，伊勢斎王は政争の敗者一族に押し付けられたことになる。押し付けたのは，当然勝者の良房ということになろう。

　そして恬子は，群行の当日，天皇に会うことができなかった。その日には大極殿で天皇は斎王と会い，旅立ちに際して額に櫛を挿す，通称「別れの櫛」の儀礼が行われるはずだったが，清和は物忌のため出御せず，藤原良相（良房の弟）が八省院（朝堂院）での儀礼を取り仕切ったという。とすれば斎王に櫛を挿したのは良相とも取れるが，私はその儀礼を行ったのは良房だと考えている。天皇の側に立ち，万機に関わる立場の摂政だからこそできたのではないだろうか(註2)。

　このように見てくると，藤原良房は斎宮・斎院の選定や，斎王発遣儀礼などにも深く関わり，まさに天皇の代行として斎王制度を動かしていたと考えられる。

　この伊勢斎王を重視しない姿勢は，以後の摂関家にも受け継がれていくのであり，良房はまさにその先鞭をつけたことになる。嵯峨以降，強い個性を出せなくなっていた斎王は，さらに厳しい状態に追い込まれていた。

　しかし斎王制は生き残ることができた。その大きな理由は，良房・基経の後，宇多上皇・醍醐天皇が政治の実権を握り，醍醐の同母妹である柔子内親王を伊勢斎王とし，斎王の地位を再び引き上げたからである。

　そして，醍醐天皇の時代には，奈良時代以来の律令の施行細則を集成した『三代式』の掉尾を飾る『延喜式』が編纂され，その中には『神祇式』の一部として斎宮に関わる諸規則が改定整理の上でまとめられた。いわゆる『延喜斎宮式』である。『延喜斎宮式』は，以後の斎宮に関わる基本法典となり，この段階で斎宮は法的存在としてその地位を確定したということになるのである。

　では，『延喜斎宮式』とはどのような内容なのか，改めて検討してみたい(註3)。

2．『延喜斎宮式』の規定したこと

　通常我々が斎宮の制度について概説する時，骨子となるのはこの『延喜斎宮式』の規定である。それほどに『斎宮式』はよくまとめられている。

　しかしその背景には，斎宮を巡る複雑な成立事情があった。

　先述したように，斎宮は大宝令には規定がなかった。当然その増補改定版

I. 斎王と斎宮

である養老令にも規定がない。奈良時代を通じて，斎宮についての体系的な法は存在せず，その運用は式，つまり細則により行われていたと考えられる。

斎宮についての式が初めて体系化されたのは，現存していないが，『弘仁式』の『神式』の中だったと考えられる。桓武朝以降，斎王が選ばれてから伊勢に旅立つまでの儀礼が次第にパターン化されるようになる。その形が明文化されたのが『弘仁斎宮式』だと考えられるのである。しかし『弘仁斎宮式』でパターン化された斎宮制度とそれ以前の記録，さらに『弘仁斎宮式』と『延喜斎宮式』の間にもいくつかの大きな相違がある。

現存する『延喜斎宮式』の第一条には，天皇は即位すれば斎王を選ぶこと，内親王の未婚の者なら占って定めること，勅使をその家に派遣してその旨を告げ，新斎王の住む殿の四面と内外の門に木綿を付けた賢木を立てることなどが記されている。

このようにルール化された斎王は卜占によって選ばれる。『江家次第』などの儀式書によれば卜占は斎王候補者について，「甲乙丙」などの判断を下すもので，内裏紫宸殿の前庭で行われ，その結果で天皇に報告される。その占は亀卜と考えられているが，亀卜自体の成立は奈良時代以降だとする研究もある。そして先に見た養老五年の井上王（内親王）の斎王就任儀礼は，この形とは全く異なる。この時，儀式は内安殿（内裏正殿か）で行われ，井上はそこから北池辺宮に移されている。つまり最初から内裏におり，斎王となったと考えられる。それは卜占というより，就任儀礼に臨んだものと見た方が自然な理解である。奈良時代の斎王が亀卜によって選ばれていたのかどうかはなお問題がある。

そして第三条では，斎王は日を選び，宮中（宮城内の便所＝適した所）に設けられた初斎院に入る，とされる。しかし初斎院という言葉が初めて現れるのは清和天皇以降であり，それ以前の斎王は，自宅で忌み籠もりを続けていた可能性が高い。これも大きな違いである。

さらに同条文では，斎王は明年7月まで初斎院におり，8月上旬に野宮に遷る。野宮は京外の浄野に設けられた仮の宮であり，ここで翌年8月まで過ごし，9月上旬に吉日を選び，伊勢斎宮に入る，とされる。そして旅立ちの際には，川で禊をすることが第45条に記されている。

しかし実際に史書の記す所では，斎王が伊勢に旅立つのが9月になるのは，

井上内親王以降のことであり，それ以前の斎王は必ずしも時期を選んでいなかったようだ。そもそも斎王が9月に旅（群行といわれる）を行うのは，神宮の大祭である9月神嘗祭に参加するためであり，私は以前，神嘗祭が重視されるのは8世紀半ば以前であろうと指摘したことがあるが，それはその頃まで，斎王の派遣時期が定まっていなかったからである。

　そして斎王群行の前に行われる禊については，9世紀前半までは発遣以前の別の日に行われることが多かったことがわかっている。このように『延喜傅式』の斎王の卜定から群行までのプロセスは，必ずしも古くからのものではない。奈良時代のそれはずいぶん異なる手続きのようであり，『弘仁斎宮式』もかなり異なっていたように考えられるのである。

　しかし『延喜式』以降のタイムテーブルは基本的にこの形を踏襲している。法として整備されることの意味がよくうかがえる。

　また，斎王の群行については第57条に規定が見られるが，このルートは山城・近江・伊勢を通るとしている。しかし9世紀末に阿須波道が開通し，鈴鹿峠が拓かれるまで，群行は近江から伊賀の柘植を通って加太峠を越えて伊勢に入っていたと考えられる。つまりこの記述は『延喜斎宮式』段階のものに改定されていることになる。

　伊勢での斎宮の暮らしについても，『延喜式』は基本的な史料となっている。例えば第5条では，斎宮では仏事や穢れに関わる言葉を言い換える「忌詞」が記されている。しかしこの忌詞は仏教に関わる「内七言」と，穢れに関わる「外七言」とされるのだが，8世紀後半までは伊勢には神宮寺があり，仏教との分離は光仁朝以降のことである。実際『皇太神宮儀式帳』には，内外の分類などがないまだ未整理な忌詞が見られ，その成立はやはり8世紀末期以降と考えられる。

　そして『延喜斎宮式』が完全に省いてしまっているのは，度会郡の離宮に斎王がいた時期の斎宮関係の規定である。『弘仁斎宮式』の規定が『延喜斎宮式』の規定の骨子になっていたとしても，度会離宮への移転は大きな変化をもたらしたはずなのに，たとえば三節祭（三時祭）の折に斎王が神宮に参詣する規定でも，多気の斎宮からという書き方になっている。おそらく度会離宮に斎宮があったころに発給された式はほとんどが採用されていないのである。

I. 斎王と斎宮

　『延喜式』という法制書は，完成から公布まで約30年のずれがあり，実効性より公布すること自体に意味がある，一種の記念事業的なものではなかったか，とする指摘がある。しかし斎宮に関しては，8世紀の式はほとんど採用せず，『弘仁斎宮式』を基礎にしつつ，度会移転や伊賀を通る群行など，9世紀前期・中期の変革に関わる式も採用せず，9世紀末葉の実効的な式を優先的に集成した可能性が高い。その意味では『斎宮式』は生きた法として機能していたのであり，それが9世紀後半以降の衰退期においても斎宮が存続し続けた大きな理由の一つであったと考えられるのである。

　しかし一方で，『延喜斎宮式』には，『弘仁斎宮式』をそのまま採用した結果，実態とあわなくなっている箇所があることもうかがえる。例えば「調庸雑物」条には，美濃国から陶器696口が貢納されることになっているが，美濃国での須恵器生産は8世紀代で終息している。一方，9世紀第二四半期には斎宮で使用が開始されていたと見られる緑釉陶器や灰釉陶器についての記述は全く見られず，こうした調庸の収集がいつの時代の実態を反映しているかについては慎重に考える必要がある。先述した方格地割内の倉庫群も，『延喜式』公布の頃には姿を消しており，斎宮における物品収納体制にも大きな変化がうかがえるのである。

3. 斎宮のその後

　以後斎宮にはなお350年ほどの歴史が続く，斎王制度としては400年以上の歴史となる。その間，斎王と斎宮には色々な変化があった。

　10世紀に入ると，それまで造られてきた正史がなくなり，文献史料は軸を失ったようになる。以後の歴史は，貴族の日記や私撰史書，あるいは法制書や荘園関係文書などを中心に見て行くことになる。そのため行政史料は相対的に減少し，斎宮についても詳細な史料が少なくなる。その中で斎王が次第に軽視されてきたことを窺わせるのは，斎王の人選からである。

　10世紀の斎王は，天皇の異母姉妹，さらには女王が就任することが一般的になる。他人同然の斎王である[注4]。そうした斎女王の中から，個性的な斎王が再び現れ始める。朱雀天皇の代の斎王で帰京後村上天皇の女御となり，後年娘の規子内親王が斎王になると再び斎宮に下り，多くの名歌を遺した斎宮女御徽子女王，野宮で滝口の武士の平致経と密通の噂を立てられた済子女

王，長元4（1031）年に「長元の託宣」事件を起こし（註5）、宮廷の伊勢神宮に対する姿勢を糾弾して斎宮頭藤原相通を流罪に追い込んだ嫥子女王などである。しかし一方、徽子の妹の悦子女王、斎宮で死去した隆子女王、一条朝の長期に亘って斎王だった恭子女王などは、個人的な記録をほとんど遺していない。通常の斎女王は斎内親王以上に世間の関心が低かったと見られよう。ちなみに『源氏物語』に出てくる斎王、後の秋好中宮も女王である。

　このように10世紀の斎王は、9世紀の斎王の国家的位置づけから次第に後退していくようである。それは斎宮の方格地割の形骸化とも関係していよう。この時期は、伊勢神宮と京を媒介し、神祇官を掌握する伊勢神宮祭主の権力が強化された時期でもある。もともと大中臣氏の広い血縁の中で継承されてきた祭主は、10世紀になると、頼基、能宣、輔親の三代に亘り、大中臣氏二門と呼ばれる血統で直系継承をされるようになる。彼らは歌人として藤原兼家、道長、頼通の摂関家三代に接近し、彼らの祈願を代行する祝詞師なども勤め、京に巨大な邸宅を造営するなど自らの権力基盤を強化していく。彼らの子孫は後に「藤波家」と称し、祭主職を独占していく。伊勢神宮に関係する権力者は斎王だけではなくなっているのである。

　一方、斎宮では長元の託宣の後、後朱雀朝には天皇の長女良子内親王が斎王となる。良子の同母妹娟子内親王は賀茂斎王となっており、後朱雀朝の姿勢の変化が見て取れる。良子は斎宮在任中に三品となった、極めて高い身分の斎王で、比較的記録の多い斎王ともなっている。

　こうした身分の高い斎内親王が現れるのが11世紀斎宮の特色となり、その傾向は院政の時代を通じて強化され、中には未婚のままで皇后身分や、女院身分を得ていく元斎王もいた。しかしそれは律令国家ではなく、王朝国家段階の斎王の特徴ともいえるものだろう。

　律令国家の機構としての斎王は、10世紀に衰退期を迎え、11世紀からは中世的な変容に向かって進んでいくのである。

〔註〕
(1) 榎村寛之「賀茂斎院の成立と特色」『京都産業大学日本文化研究所紀要16』 2011年
(2) 榎村寛之「九世紀王権と斎王 ―『伊勢物語』を媒介に―」『伊勢斎宮の歴史と文化』塙書房　2009年

Ⅰ．斎王と斎宮

(3) 榎村寛之「『延喜斎宮式』の諸問題」『伊勢斎宮の祭祀と制度』塙書房　2010年
(4) 榎村寛之「斎女王の時代」『伊勢斎宮の歴史と文化』塙書房　2009年
(5) 長元の託宣については，早川庄八「長元四年の斎王託宣をめぐって」『日本古代官僚制の研究』岩波書店　1986年，岡田荘司「平安時代中期の天皇と神宮」『平安時代の国家と祭祀』続群書類従完成会　1994年，フランシーヌ・エライユ「十一世紀の朝廷と伊勢神宮の紛争」『貴族たち・官僚たち ―日本古代史断章』平凡社　1997年，上島享「長元四年の斎王託宣事件再考」『日本中世社会の形成と王権』名古屋大学出版会　2010年　など参照。

（榎村寛之）

Ⅱ．発掘調査からみた斎宮の歴史的変遷

1 古代官道と斎宮

1. 東海道鈴鹿駅からの伊勢道

　律令国家において，都と大宰府や多賀城，国府・郡衙などを結ぶ交通路は，陸上交通が主体であった古代には遠隔地との交易にきわめて重要な地位を占めた。中央と地方を結び，中央の命令伝達や地方からの緊急事態の報告などの情報伝達として，律令により駅制と伝馬制が定められた。駅制は，山陽道と西海道の一部を用い都城と大宰府を結ぶ大路，東海道と東山道の主道を中路，北陸道・山陰道・南海道や西海道の大路を除く区間やその他の支路（枝道）を小路として，原則的に30里（約16km）毎に駅（駅家）を置き，（駅馬）を大路に20疋・中路に10疋・小路に5疋を配置した。一方，伝馬はもともと中央から地方へ派遣される使者を迎送する制度であり，郡家毎に5疋が置かれた。

　伊勢国の場合，東海道の鈴鹿駅で神宮に向かう伊勢道が分岐しており（史跡内では「奈良古道」「伊勢官道」などと表記していたが「伊勢道」で統一する），『延喜式（兵部省）』「諸国駅伝馬」には「伊勢国駅馬　鈴鹿廿疋。河曲。朝明。榎撫各十疋。市村。飯高。度会各八疋。伝馬　朝明。河曲。鈴鹿郡各五疋。」とある。東海道は大路ではないが，鈴鹿駅は神宮を経て志摩国に向かう支路の分岐点にあたるため大路と同じ20疋の駅馬が置かれ，それ以南の市村・飯高・度会駅には駅馬8疋の設置が定められ，中路に次ぐものとして伊勢道が重要視されていたことがわかる。

　斎王が伊勢に下向する斎王群行や公卿勅使の経路は，都が置かれた場所により行程が異なることは前述のとおりである。平安時代の勅使は，鈴鹿駅から津市殿村地内に比定されている市村駅を経て[註1]，松阪市駅部田地内に比定されている飯高駅から斎宮を通り度会駅へと至る[註2]。一方，斎王は『延喜式』によれば，鈴鹿頓宮から一志頓宮を経て多気川（稲木川・祓川）で禊をして斎宮に入る。現在，一志頓宮は津市一志郡一志に想定されている[註3]。斎王は，その後飯高駅を経て櫛田川を渡り早馬瀬から斎宮に入ったと考えられる。飯高駅から早馬瀬までの伊勢道は，古代の官道と同じく直線の道路として推定されている[註4]。

　鈴鹿駅家（古厩）から飯高駅までの駅路については，津市芸濃町の松山

1 古代官道と斎宮

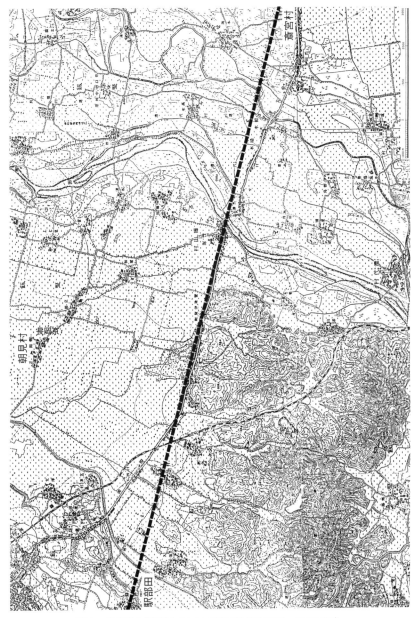

図1 伊勢道の復元図（大日本帝国陸地測量部　1/100,000）

Ⅱ. 発掘調査からみた斎宮の歴史的変遷

遺跡で平安時代末以前の側溝心々幅 4.26〜4.74 m の道路跡が確認されており(註5)，木下良氏は「当地（松山遺跡）は安濃川左岸に位置するが，鈴鹿駅で東海道本道から分かれて，市村・飯高・度会の諸駅を経て志摩国へ向かう駅路は，安濃川右岸を通るものと想定され，岡田登氏が市村駅に比定する津市殿村の本馬領遺跡も右岸に在るので，安濃郡家に通じたと見られる左岸の道路は伝路に当ると見てよいであろう。」とする(註6)。

2. 斎宮跡と伊勢道

　早馬瀬集落は，現在櫛田川左岸に位置しているが，櫛田川の本流が平安時代まで祓川が本流であったとされており，当時の詳細な状況は不明であるが，祓川渡河点まで直線の伊勢道が敷設されていたと考えられる。渡河点から斎宮が置かれた段丘上にあがると洪積台地の上を伊勢道がこの延長上に直線道路として敷設されていた。足利氏は，史跡西部の「塚山」と「東裏」「広頭」との小字界を走る農道が伊勢道のルート上に位置し，早馬瀬を経て飯高駅に至る直線道路であると推定した(註7)。一方，斎宮跡の史跡地内での発掘調査では，古里地区の調査や範囲確認調査で小字界に沿って続く奈良時代のSD170を確認しており，奈良古道として認識していた。第88次調査で並走する2条の溝SD2404・SD6252を確認し，これまでの奈良古道としていた調査結果を精査したところ，史跡内をほぼ一直線に延びる伊勢道と確定できた。これまでに史跡地内で発掘調査によって両側に側溝を有する道路として確認できた地点は31か所になる。

　まず，史跡西部では第3次（古里B地区）・第7次調査（古里E地区）で確認された道路遺構がある。第3次調査区の南部および第7次調査区の中央部において，両側に側溝を有する幅約4 m及び6 mの道路遺構が確認されるが，この道路遺構は「古里」「中垣内」の小字界となり，北側に湾曲する形状をなしている。また，小字界のすぐ南の「中垣内」地内には，旧竹神社地などがある。確認された道路遺構は，史跡地内で確認された道路遺構とは規模および湾曲する形状から，直線で敷設された古代官道とは異なる様相を示しているが，道路遺構の南に旧社地が存在したこと，並びに「中垣内」地区では，奈良時代前半期の遺構・遺物が集中する地域となっており，この時期の斎宮跡の存在が想定される地区でもあり，それにより特異な道路形態をと

① 古代官道と斎宮

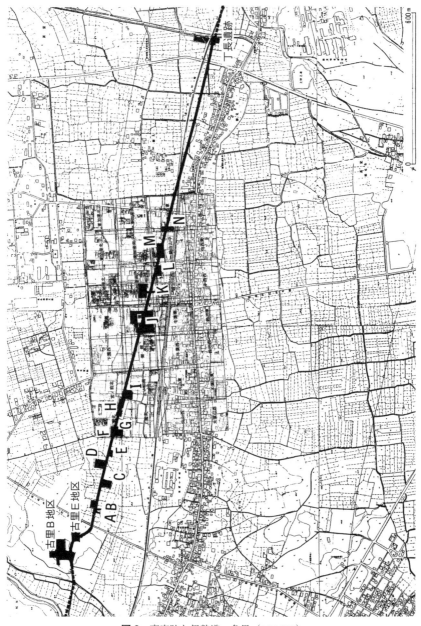

図2　斎宮跡と伊勢道・条里（1/15,000）

Ⅱ. 発掘調査からみた斎宮の歴史的変遷

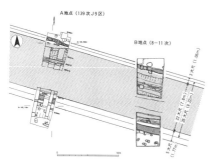

図3　史跡西部の伊勢道（A・B地点 1/600，倉田論文による）　写真　第88次調査

らざるを得なかったと考えられる。

　方格地割の西側では「塚山」と「東裏」「廣頭」の小字界と重複して確認される。この地点では，北側溝SD0170と南側溝SD0295を両側溝とし，溝心々距離9.22m（26大尺），道路幅7.8m（22大尺），南溝幅1.77m（5大尺），北側溝幅1.06m（3大尺）となる。

　方格地割が整備された「宮ノ前」から東では方格地割施行以前の遺構として確認される。東西7列，南北4列の方格地割として遺存するこの方格地割もその変遷過程が近年再検討されており，北西隅にあたる「宮ノ前」「上園」「内山」地区の方格地割については，4区画分の区画にあたるが，第127次調査などの結果から当該地区の方格地割は一つの大きな区画として存在し，北辺及び西辺の区画外周道路も第116次調査で蛇行する区画道路であることが確認され，他の地区とは異なった様相を示している。また，この区画の存続時期は，平安時代後半を中心とすることが明らかになっている。従って，史跡東部で方格地割が整備されたⅠ-4期からⅡ-1期には，伊勢道が機能しており，東西5列・南北4列の西側外周道路につながっていたと考えられる。

　柳原区画では，第20・28・143・152次調査で南側溝SD880北側溝SD8802の道路遺構が長さ86mほど確認されており，当該区画が形成されるⅡ-1期まで存続したことが窺える。この地点では，溝心々距離8.87m（25大尺），道路幅約7.8m（22大尺），溝幅1.06m（3大尺）の規模として復元できる。

　方格地割を北西から南東に向かってE15°Sの方位で敷設された伊勢道は，史跡東方約600mの地点で2006年に調査された丁長遺跡の発掘調査で確認されている(註8)。丁長遺跡では，北側溝SD1と南側溝SD2に挟まれた道路

① 古代官道と斎宮

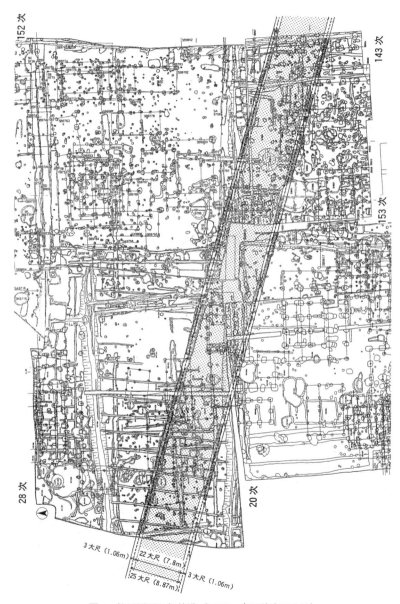

図4 柳原区画の伊勢道（1/600，倉田論文による）

Ⅱ．発掘調査からみた斎宮の歴史的変遷

SF7として確認され，溝心々距離9.22 m（26大尺），道路幅7.1 m（20大尺），北溝幅1.77 m（5大尺）・南溝幅2.48 m（7大尺）と考えられる。

　史跡内で確認された伊勢道は，方格地割の整備に伴い，区画道路に取り込まれるが，それ以前は直線の古代官道として認められ，東方に緩やかに傾斜する地形に応じて雨水等の排水を考慮した設計がなされており，「古里」地区での側溝底の標高が10.9 mで，東端のN地点での側溝底の標高は8.8 m，丁長遺跡でも8.8 mとなっている。

　方格地割が設けられ，比較的高低差のない地区では，伊勢道の設計規格は側溝心々間を25大尺（約8.9 m）とし道路幅を22大尺（7.832 m），側溝幅3大尺（1.068 m）として設計されたものと考えられる。一方，比較的高低差のある史跡西部や史跡東部の一段低いところに位置する丁長遺跡では，道路幅22大尺を維持し，両側溝の排水を考慮した結果溝心々間距離が26大尺と広くなったと考えられる。つまり，高低差のある箇所では下流部への急激な流水を避けるため，高所部では側溝を広く深く掘り下げ，流水の一部を砂礫層に浸透させ，一方低地では地下からの湧水を抑えるため側溝を広く浅くした結果と考えられる[註9]。

伊勢道と方格地割

　奈良時代末（Ⅰ-4期）に史跡西部から史跡東部の鍛冶山地区に斎宮が移された時点で，伊勢道は方格地割の区画道路に取り込まれることになる。「奈良時代の伊勢道の内，北西隅の一部を除き停廃された訳であるが，停廃された伊勢道の路線と方格地割の碁盤目状道路を重ね合わせると，方格地割の道路交差点の内，最重要区画である鍛冶山西ブロックの北側T字路交差点，つまり方格地割の中心的な位置を占める区画列の中央に当たる交差点のみが伊勢道の路線上に位置していることが判る。」という指摘がある[註10]。すなわち，方格地割は伊勢道と無関係に計画されたのではなく，伊勢道の路線上のこの一点を選定し，ここを基準に方格地割の設定が行われたとする指摘は，きわめて説得力をもつものと判断される。

　斎宮跡に方格地割が整備されたⅡ-1期には，伊勢道は斎宮跡の方格地割の区画道路に取り込まれることになるが，方格地割成立の過程はこれまで報告されてきた以上に詳細な変遷過程が明らかになり，詳細は次節で論述する。

[1] 古代官道と斎宮

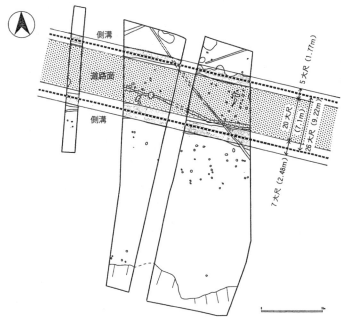

図5 丁長遺跡の伊勢道（1/600，倉田論文による）

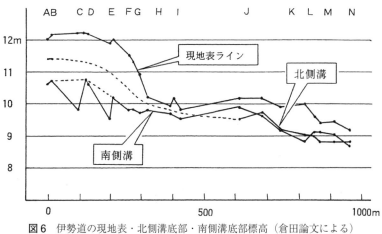

図6 伊勢道の現地表・北側溝底部・南側溝底部標高（倉田論文による）

Ⅱ. 発掘調査からみた斎宮の歴史的変遷

　光仁朝の宝亀2(771)年に気多王を斎宮造営に派遣したとする『続日本紀』の記事に対応するもので、史跡西部から史跡東部の鍛冶山地内に造営された最初の斎王宮殿は、鍛冶山地区おいて東西400尺の板塀に囲まれた東西130m(450尺)の規模と考えられ(酒人内親王期)、その後この宮殿は板塀を東に160尺拡大した区画となる(浄庭女王期)原方格地割期が認められる。

　次いで、桓武朝の延暦4(785)年の紀作良を造斎宮長官とした『続日本紀』の記事に対応する段階で、一区画の規模を方400尺とする平安京型の条坊制に基づく東西5列・南北4列の方格地割が整備される方格地割成立期を迎える。従って、原方格地割期には伊勢道は鍛冶山区画の北辺道路に接続したものと考えられ、方格地割成立期に方格地割西辺の区画外周道路につなげられたと考えられる。

　一方、斎宮跡の南に拡がる条里制と斎宮跡との関係については、これまで条里地割の方位が異なるとの認識があり、斎宮跡の方格地割との関係については言及されることがなかった。しかし、伊藤裕偉氏はこの条里地割が、東西軸と南北軸が直交しないいわゆる「斜行条里」であることに注目し、特に東西軸は、比較的に安定し、旧参宮街道の斎宮小学校前から現竹神社間に認められる東西軸は最も長く、安定しており、東4度北の方位を示し、斎宮跡方格地割と一致するとした。また、仮説作業として、北を多気郡佐田地区の里道から南を玉城丘陵東麓を経て田丸山にいたる多気郡南北基軸選を復元できるとし、この南北基軸線と東西基軸線の交点に伊勢道が交わる可能性を指摘し、この伊勢道は飯野郡条里の東西基軸線となると結論づけ、斎宮跡の方格地割は先行して施工された条里地割・伊勢道の影響を受けた国家的プロジェクトではないかとする[註11]。

伊勢道と公卿勅使

　この伊勢道は、斎王群行に用いられたことはもとより、都から神宮に発せられた公卿勅使が使用する道でもあり、斎宮内を通過する状況等が勅使の記録にもみられる。伊勢公卿勅使は、国家・皇室および神宮に重大事のあるとき、あるいは特殊の神宝・幣物を奉献するにあたり、公卿を選んで神宮に発遣された幣使である。天平10(738)年に遣唐使の渡海平安を祈るため右大臣橘諸兄が遣わされたのを初見として、文久元(1861)年権大納言広幡忠礼の参向まで127回を数える[註12]。勅使の発遣は、その7割が平安時代末期

の院政期から鎌倉時代前半期に集中している。公卿勅使が用いた行程は，駅制にもとづく道路であったが，平安時代中期以降は『経信卿記』に「濱路」並びに鈴鹿駅・一志駅・離宮院（度会駅）とみられ，直線道路としての伊勢道から飯高駅を通らず，より東方の旧朝見村付近に移動していたことが想定されている。

伊勢道は，路線の変更があったにもかかわらず，斎宮はその通過地点として史料に遺されている。長治2（1105）年に内大臣兼左近衛大将源雅實が伊勢勅使として斎宮を通過した際，「（略）渡櫛田河之後暫休息，於竹川邊解除如件，過斎宮寮之間神寳過南門，予從西路経北路渡東，見物桟敷所々，雑人少々，宮寺邊等閑也，申刻許著離宮，（略）」とあり(註13)，斎宮寮の南門前を通ることができるのは神宝のみであり，勅使は迂回して斎宮寮の北路を通らなければならなかった。この時の斎王は善子内親王が在任中であるが，治承元（1117）年権大納言藤原實房の勅使の場合，『治承元年公卿勅使記』には「（略）神寳以下使幷過斎宮南路。是斎宮不御之例也（略）」とあり(註14)，斎王不在の時は勅使も南門前を通ることが許されていたとされる(註15)。

『延喜式　斎宮』には，斎宮内の構築物に「南門」などが見られるが，発掘調査では「南門」は確認されておらず，南路の具体的な通路を示すことはできないが，原方格地割期あるいは方格地割成立期さらに「牛葉」地区に内院が移ったことなどを考慮すると，方格地割の南辺の東西道路もしくは南から2列目（旧参宮街道）の区画道路を想定することができる。一方，北路は方格地割の北辺は規模が小さいとみられることから，斎宮の中枢部が存在し，内院が置かれた北側，すなわち方格地割の南から3列目の東西区画道路が想定される。

3. 斎宮から離宮院への伊勢道

丁長遺跡の道路遺構の確認により，駅部田地区から直線に敷設された伊勢道は，斎宮内を通りこの地点まで続いていたことが明らかにされた。このことは，「（略）其三時祭月十五日。斎内親王向離宮。行路之間有二処堺祭。（宮東墌外。及多気。度会郡両郡境祭之料物。色目在上。）到着禊殿。（略）」(註16)「貞観六年九月十五日。依例斎内親王御行於離宮院之程。斎宮東字鉗田橋桁損。女官一人乗馬共落入了。（略）」(註17)の史料からも窺えるように，斎宮を通

Ⅱ. 発掘調査からみた斎宮の歴史的変遷

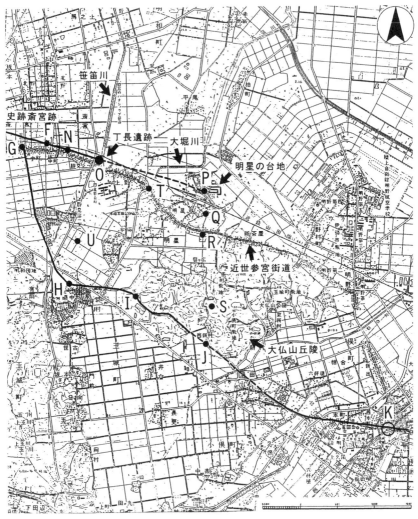

図7 斎宮から離宮院への伊勢道 (1/10,000) (小山報告による)
G：武神社　O：丁長遺跡　H：有爾中　I〜J：切り通し J：小字「有示道下」
Q：明星　S：ツンゲ池　K：離宮院

過した伊勢道は斎宮寮の東堤を超え、「鉗田」にかけられた橋を通過しており、斎宮から東に向かっていたことは明らかである。なお、橋が架けられていた地点については、笹笛川に南に「土橋」の地名が遺存し、現在の笹笛川あるいは大堀川がそれに該当する可能性がある。
　また、『雅實公記』でもみたように「余従西路経北路渡東」とあることから、斎宮までの伊勢道が丘陵裾から海岸部へ変更された平安時代後期でも、斎宮寮からは、東に向かって出て離宮院へ通じていたと考えられる。
　延暦16（797）年に外宮近くの度会郡沼木郷高川原から同郡湯田郷字羽西村（K地点）に移された離宮院の間には、標高50ｍほどの大仏山丘陵が拡がっており、この丘陵を横断するか若しくは迂回する必要がある。足利健亮氏は、斎宮の南門（現在の竹神社付近）から南下し、有爾中を経て南東の丘陵を切り通した小路を通り「有尓道下」の転訛である字「有示道下」から離宮院への行程（G→H→I→J→K）を想定した。一方、前述の『治承元年公卿勅使記』に「（略）神寶以下使并過斎宮南路。是斎宮不御之例也。超筒丘之後。暫下馬休息。小時又就路。自此所共人等雑掌以下不乗馬。於湯多野有見物之輩故也。午剋終着斎宮。（略）」とあることから、「筒丘」を大仏山丘陵、「湯多野」を現在の伊勢市湯田野および同市小俣町湯田付近に比定し、丁長遺跡の調査結果や文献史料から、丁長遺跡から東進し「明星」付近から南下しシンゲ池を経て「有示道下」を経て、離宮院に至ったとする（O→Q→S→J→K）[註18]。これ以外にも、丁長遺跡から直線で東進し、明星台地を横断するように延びる近世参宮街道に近い行程も想定されている。

〔註〕
(1) 岡田登「伊勢国市村駅家所在地考」『皇學館論叢』第13巻第6号　1980年
(2) 足利健亮「大和から伊勢神宮への古代の道」『探訪　古代の道』法蔵館　1988年
(3) （註2）に同じ
(4) （註2）に同じ
(5) 久志本鉄也「安濃郡西部における条里溝及び古道と思われる遺構について」『条里制研究』第4号　1988年
(6) 木下良「日本の古代道路 ― 駅路と伝路の変遷を中心に ― 」『古代文化』第47巻第4号　1995年

(7)(註2)に同じ
(8)小山憲一「丁長遺跡」『宮川用水第二期地区埋蔵文化財発掘調査報告Ⅵ 丁長遺跡(第1次)・大谷遺跡(第1・2次)発掘調査報告』三重県埋蔵文化財センター 2009年
(9)倉田直純「古代伊勢道(奈良古道)の復元に関する覚書」『斎宮歴史博物館 研究紀要19』斎宮歴史博物館 2010年
(10)杉谷政樹「古代官道と斎宮跡について」『研究紀要 第6号』三重県埋蔵文化財センター 1997年
(11)伊藤裕偉「斎宮寮・伊勢道・条里」『斎宮歴史博物館 研究紀要13』斎宮歴史博物館 2004年
(12)小島鉦作「伊勢公卿勅使駅家役と社寺領荘園」『小島鉦作著作集第二巻 伊勢神宮史の研究』吉川弘文館 1985年
(13)『雅實公記』長治2年8月18日条『大日本史料第三巻之八』所収
(14)『治承元年公卿勅使』治承元年9月14日条『群書類従神祇部』所収
(15)田阪仁・泉雄二「国史跡斎宮跡の最新成果から ―史跡東部の区画造営プランをめぐって―」『古代文化』VOL.43 財団法人古代學協會
(16)『延喜斎宮式』斎内親王参三時祭禊料条『新訂増補国史体系』所収
(17)『太神宮諸雑事記』貞観6年9月15日条『群書類従神祇部』所収
(18)(註8)・(註10)に同じ

(駒田利治)

2 飛鳥・奈良時代の斎宮の解明

1. 飛鳥・奈良時代の斎王

　神宮に奉仕する祭女として史料に登場するのは、崇神天皇6年にアマテラス（『日本書紀』は天照大神、『古事記』は天照大御神とする）を祭ったトヨスキイリヒメである。次いで垂仁天皇25年に諸国を巡り、神宮を定めたヤマトヒメがいるが、『日本書紀』では「託け」（つけ）とし、「斎王」の称号は用いられていない。

　景行天皇には五百野（イオノ）、仲哀天皇には伊和志真（イワシマ）、雄略天皇に稚足姫（ワカタラシヒメ）が伊勢大神を祭る皇女の存在を伝える。

　継体・欽明・敏達・用明の直系天皇には、それぞれ荳角（ササゲ）・磐隈（イワクマ）・菟道（ウジ）・酢香手姫（スカテヒメ）の皇女が見られ、ササゲ皇女が「伊勢大神祠に侍った」などと記される。殊に用明天皇のスカテヒメ皇女は、用明即位の割注により、即位の585年から推古天皇の622年までの37年間の在任となる。また、スカテヒメ皇女は、『上宮聖徳法王帝説』に「須加氏古（スカテコ）女王」とあり、「此の王は伊勢神前を拝祭し、三天皇に至る也」と割注があり、実在の可能性を指摘される[註1]。なお、継体天皇以降の斎王については、本書（第Ⅰ部）で詳しく述べる。

　大化前代の神宮の神を祭る皇女の存在は、『日本書紀』に記されるが、その実在については、史料的な裏付けが得がたく、現在のところ伝承の域を出ないとされている。また、垂仁紀にみられる「斎宮」は神宮を示すもとと理解され、神宮に奉仕する皇女は、伊勢に常駐せず必要に応じて伊勢に向かったとも考えられ、その実態は不明である。

　また、舒明・皇極・孝徳・斉明・天智天皇の5代には、神宮を祭る皇女の記述はなく、それが復活するのは、壬申の乱で勝利した大海人皇子（天武天皇）の時である。大海人皇子は、壬申の乱において吉野を脱出し、美濃に向かう途中、伊勢国朝明郡の迹太川（とお）で神宮を遥拝したとされ、『扶桑略記』には、この時の遥拝は戦勝祈願とその謝意として神宮を祭る皇女を復活させるという誓約であったとする。『日本書紀』天武天皇2（673）年4月14日に娘大来皇女を「天照大神宮に遣し侍らむとして、泊瀬斎宮に居らしむ」と記し、翌674年10月9日には「大来皇女、泊瀬の斎宮より、伊勢神宮に向ふ」

II. 発掘調査からみた斎宮の歴史的変遷

と記される。大来皇女の存在については,『万葉集』に一連の歌があり,また「大来皇子宮」「大来」の木簡も飛鳥地域の諸宮跡から出土しており,実在が証明される皇女である。この大来皇女の斎宮をもって,歴史上確定できる最初の斎王とされる。

斎王の宮を「斎宮」と呼ぶ最古の事例は『続日本紀』文武天皇2(698)年9月10日の当耆皇女を伊勢斎宮に侍らせることとされる(註2)。これまで,天皇が臨時に忌籠る宮や,伊勢神宮をさして使われた用語である「斎宮(いわいのもや)」が,文武朝以降は「伊勢神宮に仕える皇女の宮殿」として用いられるようになる。

朱雀元(686)年4月27日には,大来皇女在任中であるが(大来皇女の帰京は同年11月16日),多紀皇女・山背姫王・石川夫人が伊勢神宮に派遣さ

表1 飛鳥・奈良時代の斎王

j時代	天皇	斎王	天皇との続柄	卜定	群行	退下	出典
飛鳥	天武	大来皇女	天武天皇皇女	673.4.14	674.10.9	686.9.9	日本書記
	持統						
	文武	当耆皇女	天武天皇皇女	698.9.10		701.2月以前	続日本紀
		泉内親王	天智天皇皇女	701.2.16	706.閏1.28	706.3月以前	続日本紀
	文武~元明	田形内親王		706.8.29			続日本紀
	元明	(多紀)	天武天皇皇女				扶桑略記
		(智努女王)					一代要記
奈良		(円方女王)	長屋王娘				
	元正	久勢女王			717.4.6	721.9月以前	続日本紀
	元正~聖武	井上内親王	聖武天皇皇女	721.9.11	727.9.3	744.閏1.13	続日本紀
	聖武	県女王	高丘王娘?	744?		749.閏5.11	続日本紀
	孝謙	小宅女王	三原王娘	749.9.6		758.8.1	二所太神宮例文
	淳仁	山於女王		758.8.19以前	761.9?	764.10.9?	
	称徳						
	光仁	酒人内親王	光仁天皇皇女	772.11.15	774.9.3	775.4.27?	続日本紀
		浄庭女王	神王娘	775.4.29		781.4.3	
	桓武	朝原内親王	桓武天皇皇女	782・8.1	785.9.7	796.2.15以前	続日本紀

( )は詳細不明

れ,5月9日には帰京している。持統天皇を継いだ文武天皇期には,当耆皇女・泉内親王・田形内親王が「侍伊勢斎宮」として派遣される。奈良時代の斎王派遣は,『延喜式』に規定された斎王とは異なり,斎王制度の整備と併せ,いわば揺籃期の状況にあったと考えられる。

奈良時代には
  大宝元(701)年 8 月 4 日 「斎宮司准寮。属官准長上焉」
  養老 2 (718)年 8 月 13 日 「斎宮寮公文。始用印焉」
  神亀 4 (727)年 8 月 23 日 「補斎宮寮官人一百廿一人。」
  天平 2 (730)年 7 月 11 日 「供給斎宮年料。自今以後皆用官物。不得旧
            宛用神戸庸調等物。」
  宝亀 2 (771)年11月 18 日 「遣鍛冶正従五位下気太王造斎宮於伊勢国。」
など斎宮の組織・財政基盤などが整備され,771年には鍛冶正気太王を斎宮造営のために伊勢国に派遣することになり,この頃には斎宮の体制も整い,この記事をもって史跡東部に斎宮が造営されたと考えられる。従って,大来皇女の飛鳥時代から斎王の地位が揺籃期であった奈良時代の斎宮の所在は,同時期の遺構・遺物を確認している史跡西部に求められると想定している。

2. 史跡西部(中垣内地区)の調査

 史跡西部は,平坦な地形の史跡の中でも標高13〜14.5mほどの最高所に位置し,南西から北東方向に緩やかに傾斜している。西側は,落差約5mほどの段丘崖となり,祓川の氾濫原である沖積平野となる。これまでの調査で,史跡西部の中央部北寄りの字「古里」と「中垣内」の小字界で北へ湾曲する伊勢道を確認している。北側の「古里」地区は,斎宮跡発見の端緒となった古里A〜E地区の発掘調査地点であり,蹄脚硯・赤彩大型土馬をはじめ,弥生時代,飛鳥〜奈良時代および平安後半〜鎌倉時代を中心として,断続的に営まれた遺跡である。

 一方,南側の「中垣内」地区には,旧竹神社地が遺されており,これまでの発掘調査でも三彩陶器・羊形陶硯をはじめ奈良時代の遺物が多く出土する地区でもあり,飛鳥〜奈良時代にかけての斎宮の所在地と想定されている。このため,平成14(2002)年度から5か年計画で,当該地区の状況を把握するためトレンチ調査を実施してきた。

Ⅱ. 発掘調査からみた斎宮の歴史的変遷

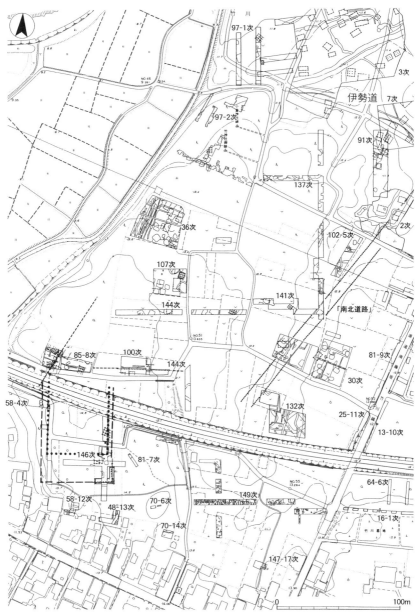

図8　史跡西部（中垣内地区）の調査（1/3,000）

② 飛鳥・奈良時代の斎宮の解明

　まだまだ未調査地区が多く、飛鳥・奈良時代の斎宮を確定するには至っていないが、「中垣内」地区の遺構には、大きく分けて基準軸を北から東へ約40度振る一群と正方位を示す一群があり、遺構の重複関係や出土遺物の状況から前者が飛鳥時代、後者が奈良時代前期に属することが判明している。
　「中垣内」の東部には、N40°Eの方向で両側に側溝をもつ幅約8.1mの「南北道路」SF8945が確認されているが、第149次調査区以南では認められず、途切れることが判明している。また、この道路の北端は、伊勢道に繋がると推定されている。南北道路は、斎宮Ⅰ-3期にはその機能を失い、比較的存続時期の短いものと考えられる。
　この斜方向をとる遺構に、第85-8次調査区で確認した柵列SA6280がある。N33°Eの方向で9間分を検出し、柱間1.6～1.9mで、柱掘形は0.8～1.0mと大きく、布掘状の掘形となっている。柵列の両側には、同方向の掘立柱建物5棟が確認され、この中には布掘をもつ3間×3間の総柱建物2棟も存在し、柵列と同時期の可能性が高い。一方、SA6280と重複するSB6290は、正方位をとる3間×3間と推定される総柱建物であるが、遺構の重複関係から柵列が先行することが確認されている。
　これら斜方向の遺構群とは別に正方位の基準軸をもつ遺構群が注目される。第100・144次調査では、少なくとも2条以上の東西方向の柵列を確認している。SA9093は柱間約2.6mで14間以上36.4mが確認され、E2～3°Sの基準軸をもち、SA9094は柱間約2.2mで17m間以上37.4mが確認され、基準軸はSA9093と同じであり、ほぼ同一場所での建替えと考えられ、SA9094が新しい。SA9094の柱穴埋土上層から斎宮跡Ⅱ-1～2期の土師器杯や皿（図9　41～44）が重なる状態で出土し、柵列廃絶後に意図的に埋められたと考えられ、柵列廃絶の下限を示している。
　第100次調査区では、全体規模は不明であるが、柵列の南北に柵列と同方向の掘立柱建物を検出し、北側で柵列に沿って延びる2条の溝の存在と考え合わせると、柵列は南側に広がる区画を画する北辺の区画塀の可能性が高い。この柵列は、東側の第144次調査区（C地区）では検出されず、西側の第85-8次調査区でも確認されていないので、東西の規模はこの間に収まるものと考えられる。
　史跡最高所に位置する地点で実施した第146次調査では、ほぼ正方位の逆

93

Ⅱ. 発掘調査からみた斎宮の歴史的変遷

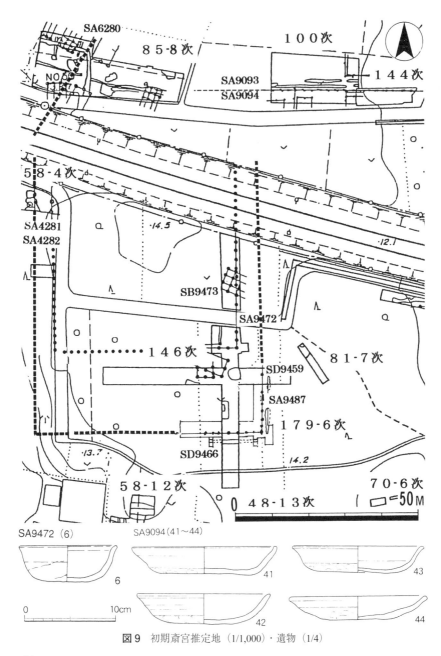

図9　初期斎宮推定地（1/1,000）・遺物（1/4）

「L」字形の掘立柱塀SA9472を確認している。南北はN0.25°E, 12間以上（28.05 m）で柱間2.337 m, 東西はN88°W, 2間（4.67 m）で柱間2.335 mが確認され, 厳密には東西列と南北列は直交しない。柱掘形は, 一辺0.8〜1.2 mの大型の方形もしくは主軸方向に長い長方形をなし, 柱痕跡は直径27 cm前後の円形である。丸みを帯びた腰部と外反気味の口縁部をもつ土師器杯G（図9 6）が柱穴から出土しており, 斎宮Ⅰ-1〜Ⅱ（古相）期と考えられる。

斜方向のN24°Wの南北3間×東西2間以上の総柱建物SB9473との重複関係からSA9472が新しいことが判明しており, 柱穴から須恵器杯Gとみられるヘラ切痕跡の残る無台杯底部（斎宮Ⅰ-1期）が出土している。

これらの調査成果を受けて水橋公恵氏は, 史跡西部で確認された正方位の竪穴住居との関連にも注目し, 斎宮Ⅰ-1期（飛鳥時代）に遡る正方位の竪穴住居は存在せず, 正方位をとる竪穴住居は斎宮Ⅰ-2期（奈良時代前期）と判断し, 各調査区での遺構の重複関係も含め, 斜方位の遺構群は正方位の遺構群に先行し, 前者を飛鳥時代後期, 後者を奈良時代前期とした。また, SA9472の造営時期を, 斎宮の機構や経済的基盤が整備され, 井上内親王が斎王として派遣された720年代に求めることができるとした[註3]。

なお, SA9472の規模は, 第58-4次調査で掘立柱建物と報告していたSB4280の二つの柱穴を掘立柱建物の柱穴とみることも可能であり, この推定にたてば, 柱間2.4 m, 東西20間（約48 m）の規模として復元できる。南北については, 近鉄線を挟んだ第85-8次・第100次調査区で同時期の東西方向の柵列が確認されていないことから, 北限は両調査区までに収まると推定される。

平成25（2013）年に行われた第179-6次調査で第146次調査の南北トレンチの南部で確認していた柵列が, 東西・南北7間以上で北側及び西側に延びる逆「L」字形の掘立柱塀SA9487を確認した。基準軸はN2°Wで, 柱間は2.2 mで, その外側には幅1.2 mほどの溝が並行することが判明した。この柵列は, 溝から灰釉陶器片が出土し, 平安時代前期後半（9世紀後半）と推定され, 史跡東部において方格地割で構成される斎宮の整備が進むなか斎宮Ⅱ-2期において, 西部の一画も斎宮を構成する施設が営まれていた可能性を示唆する。

このように史跡南西部の微高地上には, 斎宮Ⅰ-1期以前には斜方向の柵

列SA6280や掘立柱建物群，斎宮Ⅰ-2～3期には正方位の柵列SA9472，やや遅れてSA9093・9094が造営された。さらに斎宮Ⅱ-2期でもSA9487が確認され，断続的に掘立柱塀に囲まれた区画の存在が明らかになってきた。いずれも一辺50m前後の小規模な区画と考えられる。しかしながら，郭内の建物配置などが明らかになっていないので，この区画施設が飛鳥～奈良時代の斎王に関わるものかについては即断できないが，この地区の北側で羊形陶硯（91次）や三彩陶器（30次）などの出土を考えれば，官衙遺跡のなかでも特異な施設と考えられ，斎王の宮殿の可能性は高いと思われる。

3. 史跡北西部（古里地区）の調査

　一方，史跡北西部は，5世紀後半から7世紀にかけて造営された47基で構成される塚山古墳群がのこる地域でもある。斎宮跡調査の端緒となった「古里」地区の調査や，斎宮歴史博物館建設の事前調査および現状変更に伴う緊急発掘調査で，弥生時代，飛鳥～奈良時代および平安後期～鎌倉時代の掘立柱建物群や道路・大溝などが確認されており，飛鳥～奈良時代の道路SD4500は，第81-2次調査でも確認され，第3次，第68次調査のものが繋がり，更に北方へ延びていると考えられる。この道路は，北で東に約41度振れ，この方向と同様な方位を採用する掘立柱建物のなかには，飛鳥時代の7世紀中頃の時期を想定できる建物も含まれる[註5]。また，詳細な時期を確定することは難しいが，第4次調査で3間×3間の総柱建物が3棟並んで確認されており，奈良時代において斎宮寮の一部を構成していたとも考えられる。

　また，道路がさらに北方の坂本地区まで続いていたとすれば，7世紀前半の前方後方墳であり，割竹形木棺の埋葬施設から金銅装頭椎大刀を出土した坂本1号墳の存在は重要である。古墳時代後期に大和王権との関係を想定される金銅装頭椎大刀の出土は，古代豪族の存在を示すものであり，史跡北西部に拡がる飛鳥～奈良時代の竪穴住居や掘立柱建物の遺構は，官衙などの公的な施設が存在した可能性をも示唆する。

　なお，この地区は飛鳥時代以降も古墳が存続した聖なる地区でもあるが，平安時代後期以降には多くの掘立柱建物や中世墳墓なども造営された。鎌倉（中世）大溝と呼んでいる遺構は，「古里」地区の旧竹神社の北西段丘面を西

２ 飛鳥・奈良時代の斎宮の解明

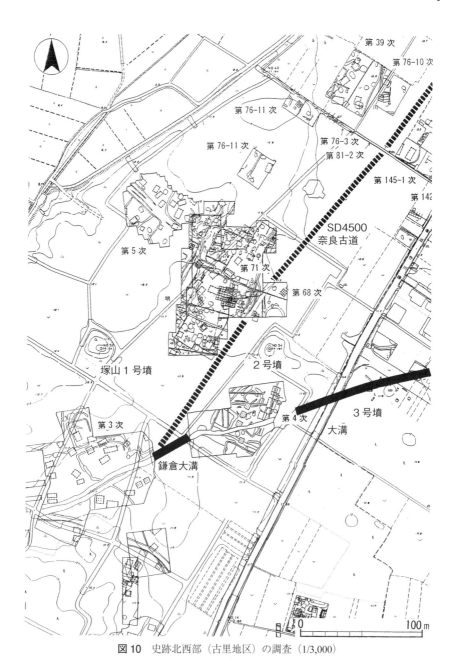

図10　史跡北西部（古里地区）の調査（1/3,000）

Ⅱ．発掘調査からみた斎宮の歴史的変遷

端として，第3次調査区では奈良古道（SD4500）と交差し，第4次調査区中央部から塚山3号墳の墳丘裾を巡り，弧を描くように延び，史跡東部にまで及んでいる。大溝は，幅約3m，深さ約3mで断面形はV字を成し，溝の埋土から12世紀後半の土器が出土していることから，存続時期の一端をしめすものと考えられる。大溝の底は砂礫層に達しており用水路としては考え難く，むしろ排水路としての機能が想定される。また，斎宮の区域を囲んだとものとも考えられ，平安時代末期の中級官人である平信範の日記『兵範記』の紙背文書「平行光申文」にみえる「斎宮寮四保内溝隍」にあたるものかと想定される。朝廷の行事や造成事業に私財を投じることで，新たな官職・位階を得ようとする「成功(じょうこう)」として平行光が斎宮の溝隍開鑿を行ったと考えられる。申文中に「溝隍二十余町」とあり，20町余りの土地をめぐらす溝であり，2kmほどとなる。このように史跡北西部では，斎宮寮官人の関与が認められるが，中世斎宮寮との関係は今後検討を要する課題である。

〔註〕
(1) 榎村寛之「斎王制度の成立と展開」『明和町史 斎宮編』明和町 2005年
(2) (註1)に同じ
(3) 水橋公恵「建物・塀の方位からみた奈良時代初期斎宮の変革 ― SA9472の年代的位置づけを中心に」『斎宮歴史博物館 研究紀要16』斎宮歴史博物館 2007年
(4) 斎宮歴史博物館「平成25年の発掘調査報告会レジメ」斎宮歴史博物館 2015年
(5) 泉雄二「史跡西北部における奈良時代掘立柱建物の再検討」『斎宮歴史博物館 研究紀要21』斎宮歴史博物館 2012年

（駒田利治）

③ 斎宮と方格地割

1. 方格地割の解明

　西暦780年の12月，伊勢斎宮に美雲が現れ，時の光仁天皇はこれを瑞兆として，翌年の正月1日を以て年号を「宝亀」から「天応」に改元した。

　壬申の乱以来の天武系の皇統が，数々の政争の中で絶え，天智系の白壁王が光仁天皇として即位したのは宝亀元（770）年，光仁はすでに井上内親王との娘である酒人内親王を斎王として伊勢に派遣していた（宝亀5（774）年）。この王朝の交代ともいえる時代に，「天応」の元号が示すように，斎宮は王権の正当性を示す格好の舞台となっていたのである。

　発掘調査の成果の上でも，奈良時代の終わり頃から平安時代の初めにかけて，斎宮は最大の変革期を迎える。それを端的に示すのは，史跡東部での整然とした都市計画である方格地割の造営である。この方格地割は，史跡西部で確認されつつある奈良期の斎宮からは約600m東の位置にあり，規模やおそらく造営理念の上でも大きく隔絶したものである。斎宮もまた，王権の権威を背景に新しい段階に入ったことを顕著に示しているのである。この方格地割は様々な変遷・変容を重ねながらも8世紀末から12世紀まで存続し，斎宮の構造を規定し続けたであろうことは，後述するように発掘調査から明らかになってきている。

　この節では，史跡斎宮跡の発掘調査の最大の成果といえる方格地割と，その内部構造の造営と変遷を追うことで，奈良時代末から平安時代の斎宮の在り方を見ていきたい。

方格地割の発見・研究史

　方格地割の存在そのものは，斎宮の発掘調査史の中でも比較的早くから推定されてきた。例えば昭和55（1980）年度の第44次調査では，2本の側溝に挟まれた幅約12mの南北道路の一部が見つかり，また同年度の第46次調査でも，それに直行する東西道路の南側溝とみられる溝が確認されている。こうした断片的な情報から，平安時代の初め頃には都城的な碁盤目状の地割が造営されていた可能性は早くから指摘されていたのである。

　この方格地割の全貌について，一定の形を示したのが，田阪仁・泉雄二氏である[註1]。田阪・泉氏は，方格地割は外周道路を除き，側溝心々間で

Ⅱ. 発掘調査からみた斎宮の歴史的変遷

表2 平安時代前期の斎宮関連年表

年号	西暦年	天皇		事象	文献
宝亀元			10月	光仁天皇即位	
宝亀2	771		11月	鍛冶正気太王を斎宮造営のために伊勢に遣わす	続日本紀
宝亀3	772		3月	井上内親王を天皇呪詛の罪で廃后	続日本紀・扶桑略記他
			5月	他戸親王の皇太子を廃す	続日本紀
		光仁	11月	酒人内親王を斎王に卜定し春日斎宮に移す	続日本紀
宝亀5	774		11月	酒人内親王が斎王が伊勢に向かう	続日本紀
宝亀6	775		4月	井上内親王・他戸親王が獄中で薨去	続日本紀・一代要記他
			8月	異常風雨により斎宮を修理	続日本紀
天応元	781		正月	伊勢斎宮に美雲が現れたことにより改元	続日本紀・扶桑略記
			4月	桓武天皇即位	
天応2	782		閏正月	天武系の曽孫氷上川継の乱	
延暦元	782		8月	朝原内親王を斎王に卜定	
延暦4	785		7月	紀朝臣作良を造斎宮長官にする	続日本紀
		桓武	8月	朝原内親王の斎宮発遣のために桓武天皇が平城京に行幸	続日本紀
延暦15	796		3月	朝原内親王の斎王解任	
延暦19	800		11月	斎宮主神司を神祇官の管轄とする	類聚三代格
延暦20	801		9月	神祇官に納められていた神戸封戸の調庸を斎宮寮に納め雑用に充てる	新抄格勅符抄
延暦22	803		正月	斎宮寮に史生四員を置く	日本紀略
延暦23	804			「皇大神宮儀式帳」「止由気宮儀式帳」が神祇官に提出される	
延暦25	806		3月	桓武天皇崩御・平城天皇践祚	
大同元	806		正月	斎宮寮頭中臣丸豊国を伊勢介と兼務させる	日本後記・類聚三代格
		平城	11月	大原内親王を伊勢斎王とする	類聚国史
大同2	807			この頃離宮院が宇羽西郷に移転	二所太神宮例文・
大同3	808		5月	藤原伊勢人を斎宮寮頭に任じる	日本後記
			8月	斎宮炊部司に長官に加えて主典を置き、官位を舎人司等にあわせる	日本後記・類聚三代格
大同4	809		4月	嵯峨天皇に譲位	
弘仁3	812		正月	斎宮寮頭小野真野が伊勢権介を兼ねる	日本後記
		嵯峨	5月	正税利息をもって斎宮の用に充てる	日本後記
弘仁5	814		7月	斎宮頭安倍寛麻呂が伊勢権介を兼ねる	日本後記
			6~8月	神宮月次祭の直会の場で斎宮寮頭藤原尚与と神宮禰宜公成が口論	太神宮雑事記
弘仁12	821		8月	伊勢大神司に神郡の田租を検納させる	類聚三代格
弘仁14	823		4月	淳和天皇即位	
			6月	斎王停定により伊勢神宮に奉祭する	類聚国史
天長元	824	淳和	9月	神宮より遠いため、斎宮を卜定により、度会の離宮に移す	類聚国史
天長2	825			勅使を派遣して多気郡内に勝地を選び、斎宮寮院を建てる	神宮雑例集
天長10	833		3月	仁明天皇即位	
承和6	836	仁明	11月	斎宮で官舎百余宇が焼ける	続日本後記
			12月	多気旧地を常斎宮とする	続日本後記
承和12	845		6月	斎宮寮頭・助に多気・度会の神郡雑務を検校させる	続日本後記

40尺(1尺 = 29.6 cm),約 12 m の区画道路で,一町 400 尺(約 120 m)四方の方形区画を集積する「平安京型」の地割であり,東西 5 区画,南北 4 区画の広がりを想定するとともに,その初現が光仁・桓武朝に遡るとする,以後の方格地割研究の定点となる見解を示した。

3 斎宮と方格地割

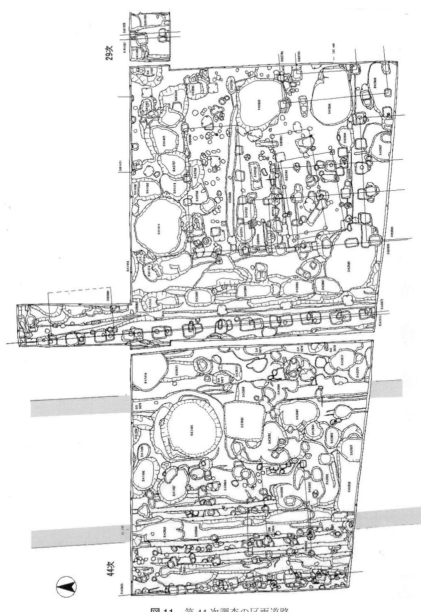

図11　第44次調査の区画道路

Ⅱ. 発掘調査からみた斎宮の歴史的変遷

　その後，方格地割の区画のいくつかで，区画内をさらに囲繞する大型の掘立柱塀が見つかり（鍛冶山西区画，牛葉東区画，西加座南区画），さらに平成4（1993）年度に，田阪・泉氏の示す方格地割域の南西で，八脚門とそれに取り付く大型の掘立柱塀を伴う区画が新たに発見され，方格地割が東西7区画分まで西に広がる事が判明した。これを受けて赤岩操氏は，斎宮歴史博物館の内部検討資料の中ではあるが，今後の発掘調査の進展にあわせて柔軟に対応できるよう区画名称を，現在の小字を基本としたものに変えるとともに，区画道路心々間の距離で道路幅を取り，方形区画を設定していくと道路

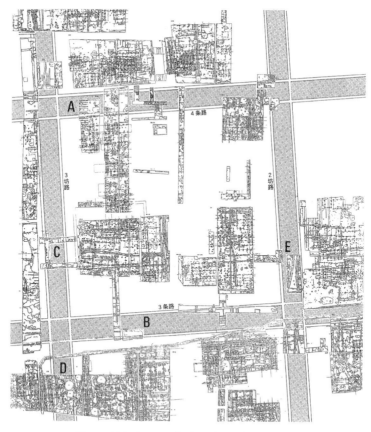

図12　井上氏による「西加座南区画」復元案

幅が 40 尺，区画が 400 四方で収まらないことを示した[註2]。

　次いで山中章氏は，遺構図面上で計測される国土座標を基準に，各区画道路の側溝の心々間の距離を測定して検討を行っている。その上で「基本的に方格地割内郭空間はこの 450 尺と 45 尺によって組み立てられている。即ち全体に 450 尺方眼を設定し，ここから 45 尺の条坊道路を割いて，残り 405 尺を方形空間としたと考えたのである。ただし二条三坊地（鍛治山西区画に相当　注，筆者）のみは方眼の各外に 45 尺の道路を割いたため，450 尺四方の空間が形成された。」とした[註3]。また山中氏は斎宮の方格地割の特徴として，区画道路の各交差点において，東西道路の側溝は交差点を横断するのに対し，南北道路のそれは交差点内までのびておらず，東西道路に優先性があることを示した[註4]。

　この山中氏の復原案に対して井上和人氏は，山中氏が復元案のために抽出する遺構について計測値にバラつきが大きいことを指摘し，道路などの設計にあたっては整った寸尺で設計していたことを前提とすべきであるとした。その上で東から 3 区画目，北から 2 区画目の西加座南区画を例に，この区画の四辺を限る区画道路の側溝外岸間の幅が 50 尺となることから，「数値の整然さからすると，道路としての規模は 50 尺という規矩が設定の基準となっていたのではないかとの予察を抱く」とされ，西加座南区画の規模についても，この道路設計幅の内側でみて南北は 118.4 m（400 尺），東西は 128.8 m（435 尺）となるが，東西区画道路の両側溝の設計幅とみられる 7.5 尺をそれぞれ足すと 450 尺という完好な数字となることを指摘した[註5]。

　平成 18（2006）年度に，筆者は第 150 次調査を担当し，この調査において，我々が東加座北①区画と東加座北②区画の間の南北道路両側溝と，東加座北①区画と東加座南①区画間の東西道路の北側溝を発掘し，この 2 本の道路の交差点部分を明らかにすることで，方格地割の道路の実態に迫ることができた。この地点の調査でも，方格地割の区画道路の規格は図 14 に模式図を示したとおり，南北道路においても東西道路においても，側溝外肩間で 50 尺（14.8 m）を計画幅とし，その内側に必要な規模の側溝を掘削しているため，区画溝の心々間や，道路内側の肩間で計測すると，これまで見かけ上，道路幅が一定しないように見えていたのだと考えられるようになった。第 150 次調査の場合，南北道路については，側溝の再掘削による遺構の重複の状況か

Ⅱ．発掘調査からみた斎宮の歴史的変遷

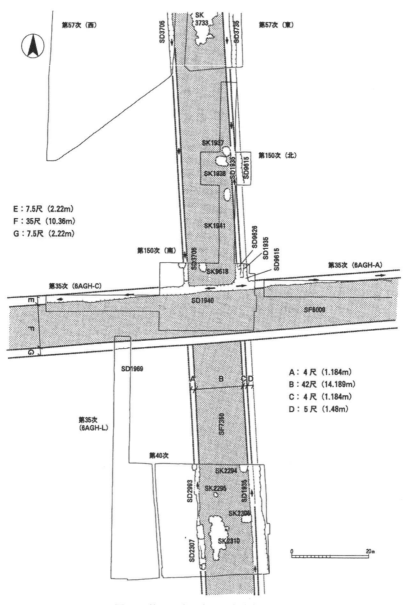

図 13　第 150 次調査区の交差点模式図

らも，最も方格地割造営時の当初の姿に近い遺構を確認できているため，計測値の信憑性は高い。また，この交差点でも山中氏の指摘通り，東西道路側溝は交差点を貫通するものの，南北道路の側溝は，東西道路側溝のところで途切れていることが確認でき，さらに東西方向の側溝の方が，規模が大きいことが分かる。

斎宮方格地割のプラン

　筆者はさらに，この第150次調査の状況を踏まえて，さらに方格地割全体の検討を行った[註6]。方格地割の設計が，都市計画としての精度を有するものという前提の上で，第150次調査の交差点を基点に，区画道路の計画幅を50尺，方形区画の幅を400尺基本として，1/200と1/400の大縮尺の遺構集成図の上に割り付けていく作業を行った。この時，井上氏の見解を踏まえて，西加座南区画を含む南北区画列の東西幅は，東西の側溝を含んで450尺を当てはめた。また，下園西区画〜鈴池西区画の西辺区画道路の幅は，第99次調査で西側溝とみられる溝が，平成27年に実施した確認調査で東側溝とみられる溝がそれぞれ見つかっており，この道路の幅は30尺（8.9 m）を計画幅としていたとみられる。こうした作業により想定される方格地割の設計プランは図14のようになる。

　これによると斎宮方格地割のプランは，計画幅50尺の区画道路と一辺400尺四方の方形区画により構成されるといいながら，それに適合しない個所が多数みられることがわかる。詳細な検討は別稿[註6]を参照されたいが，これは奈良時代末から平安時代前期にかけての方格地割成立の過程をつぶさに反映しているものと考えている。これは次節で触れていきたい。一方，図15は，斎宮の方格地割のプランを20 cmの等高線図に重ねてみたものである。方格地割の南部は，現在住宅密集地であったり，鉄道が通過したりするため調査データが少ないが，北から2番目と3番目の東西区画道路は微地形上の谷の位置と方向に合わせている様子がうかがえる。斎宮が立地する台地は史跡の西で標高約15 m，東端で8 mと東〜東北東に向かって緩やかに傾斜している。方格地割の東端には現在も地域の基幹排水路を担っているエンマ川が南から北に流れており，この流路は平安時代まで遡ることが発掘調査で確認されている。方格地割の道路側溝が東西方向に規模が大きく，交差点でも東西優位となっている理由は，排水問題を抱えやすい台地上にあっても雨水

Ⅱ. 発掘調査からみた斎宮の歴史的変遷

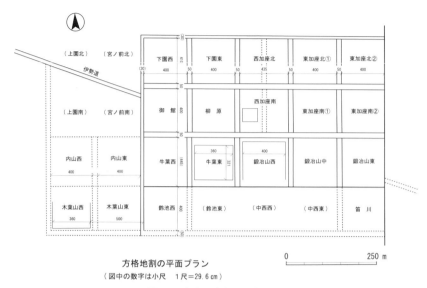

図14 斎宮跡方格地割復元案

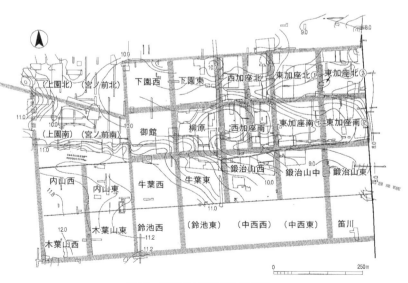

図15 斎宮跡方格地割と微地形

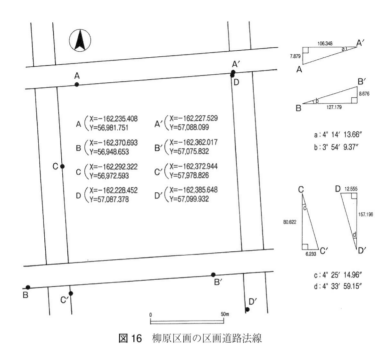

図16　柳原区画の区画道路法線

などの排水が速やかに行えることであり，方格地割は地形条件を巧みに取り込んだものとなっていたのである。

　また，設計の精度についてみると，柳原区画の発掘調査報告の中で，図16のようなデータを示している(註7)。ここでは，柳原区画を囲む区画道路の側溝の中で遺存状態が良く，可能な限り方格地割造営当初の位置を踏襲していると考えられる側溝底中央の座標データを，斎宮歴史博物館が管理する地図情報データから抽出し，側溝の法線の傾きを検討したものである。これによると北辺道路南側溝でおよそE4°14′N，南辺道路南側溝でE3°54′Nに，東辺道路西側溝でN4°34′W，西辺道路東側溝でN4°25′Wという数値を得た。より長い距離でのデータを求めると，東西道路で第64-7次調査区（東加座北②区画）から第168次調査区（下園西区画）の南辺道路北側溝でおよそE4°14′N，南北道路では第160次調査区（東加座北①区画）から第106-5次調査区（鍛冶山中区画）の東辺道路西側溝でおよそN4°19′Wという値も得られていることから，方格地割の計画法線は東西方向でおよそE4°20′Nを

基本とし，大部分は 10′〜15′ 程度の誤差の範囲で造営されていることが見て取れる。ただし，柳原区画の南辺道路は，その南に接する牛葉東区画の内側を囲繞する，平安時代初期の大型掘立柱塀の方向も E3°34′N の振れを持っていることから，詳細は現時点では分からないが，牛葉東区画の大型掘立柱塀の囲みの成立は，方格地割の造営にやや遅れると推定しており，方格地割内の整備過程の事情が反映している可能性が高いと考えている。以上のことから，斎宮の方格地割は中央の都城と比べ，遜色のない精度を持っていた事がわかるのである。

〔註〕
(1) 田阪仁・泉雄二「国史跡斎宮跡調査の最新成果から — 史跡東部の区画造営プランをめぐって —」『古代文化』49-11　1991 年
(2) 赤岩操「方格地割について」『平成 5 年度第二回斎宮跡調査研究指導委員会資料』　1993 年
(3) 山中章「斎宮方格地割の設計」『条里制・古代都市研究 17』　2001 年
(4) 山中章「斎宮の交通体系〜方格地割交差点の優先関係〜」『年報都城 10』(財)向日市埋蔵文化財センター　1999 年
(5) 井上和人「斎宮方格地割研究への提言 — 再検討への第一歩」『斎宮歴史博物館研究紀要 12』　2003 年
(6) 大川勝宏「斎宮跡方格地割に関する二・三の試論」『斎宮歴史博物館研究紀要 17』　2008 年
(7) 「第 3 章第 2 節　区画道路と区画の形成」『斎宮跡発掘調査報告Ⅱ』斎宮歴史博物館　2014 年

2.「内院」地区の調査

　史跡斎宮跡の発掘調査が始まり 46 年，平成 27 年現在でその調査率は史跡全体面積の約 16.4％に過ぎない。しかしながら，広大な斎宮跡の中にあっても，昭和 60 年代頃からは方格地割の知見も蓄積し，各方形区画内の調査も数多く行われてきたこともあり，方格地割はそのプランだけでなく，内部構造についても解明が進んでいる。
　ここからは，こうして内部構造の解明が進んだエリア，まずは斎宮にあって，その中心である斎王の居所であった「内院」推定地の解明についてみていきたい。

「内院」の推定

平成5年度，鍛冶山西区画で行った第98次調査では極めて大きな成果が上げられた。前節で方格地割発見の端緒として紹介した第44次調査でも見つかった掘立柱列とあわせて，区画の内部を画する奈良時代末（I-4期）から平安時代初期（II-1期）にかけての大型の掘立柱塀が区画全体を囲むように巡らされていた事が明らかとなったのである。この掘立柱塀は柱間が10尺（2.96 m）あり，柱掘形も一辺0.8 m～1.0 mの方形で，堀形埋土に残る柱痕跡は直径30 cmほどになる斎宮跡では他に例を見ない大型のものである。さらに，この第98次調査に引き続き鍛冶山西区画内で実施した第105次調査や第109次調査，第124次調査で，区画外周を囲む掘立柱塀の他に，さらに内郭を形作る掘立柱塀が見つかり，鍛冶山西区画は斎宮跡の他の区画では類を見ない内外二重郭構造となる時期があることが判明した。さらに外郭の塀は一度大規模な建て替えがあり，第一段階では鍛冶山西区画の東の鍛冶山中区画まで塀が広がっていたことも明らかとなった。現在まで斎宮方格地割の中で，区画内を囲繞する掘立柱塀を持つものは鍛冶山西区画，牛葉東区画，西加座南区画，木葉山西区画しかない。このように方形区画内を囲む施設はほとんどの区画で見つかっていないのだが，このうち西加座南区画は塀の囲

図17　第98次調査区写真

II．発掘調査からみた斎宮の歴史的変遷

みの規模は14間（42m）×12間（36m）と規模が小さく，木葉山西区画は方格地割の南西隅の区画であるため，「内院」の施設とは考えられない。その点で鍛冶山西区画は方格地割の中央部に位置し，それに西接する牛葉東区画も一連の施設であると考えられる。また，この2区画では他にも多くの特徴がある。そのひとつに饗応ないしは儀式に使用したとみられる土師器杯・皿を中心とした大量の供膳具が投棄された土坑が区画内に多数みられることである。それだけでなく，鍛冶山西区画の土坑からは全体から見ると少量だが，9世紀後半から10世紀前半（II-3～4期頃）を中心に緑釉陶器の優品や越州窯青磁の破片などを含んでおり，傑出した内容を持っている。一方，牛葉東区画では11世紀から12世紀にかけて，平仮名を墨書した土師器供膳具が大量に出土している。これは斎王に近侍する女官集団の存在をうかがわせるものであり，この2区画の性格を明確に示している。このような状況から，調査率は依然高くないものの，鍛冶山西区画，牛葉東区画は斎王の居所である「内院」と見て間違いないと考えられている。

内院地区の変遷

「内院」地区の遺構の変遷は，平成13年度に刊行された『斎宮跡発掘調査報告I』にまとめられており，大きな流れは現在も変わっていないため，これに基づいて述べていきたい(註1)。

a）「内院」1期以前

この一帯にまだ斎宮「内院」に関連するとみられる遺構が見られない頃，8世紀の半ばから後半にかけての時期（I-3～4期頃）までは，史跡内を北西～南東に貫通する古代伊勢道があった。この他にはI-3期の遺物を含む土坑や，ほぼ同時期の倉庫とみられる総柱建物SB2780やSB2810などがある。土坑SK6210やSK6220の出土遺物は，甕類など大型の須恵器貯蔵具を含み，これらの遺構の性格が注目されるところである。SK6210から出土したI-3期に位置付けている土器群については，土師器供膳具の外面がケズリ調整によるC手法を主体とすることから，現在8世紀半ば頃にあてている年代観を長岡京期まで引き下げるべきとの意見がある(註2)。この段階の遺構を鍛冶山西区画の造営に関連するものとみるならば，出土土器の年代観を下げることで遺構との齟齬は少なくなる。しかし，これら土器群の構成には美濃須衛窯産IV-2期（実年代観で730年～770年頃に比定）相当とみられるものを

3 斎宮と方格地割

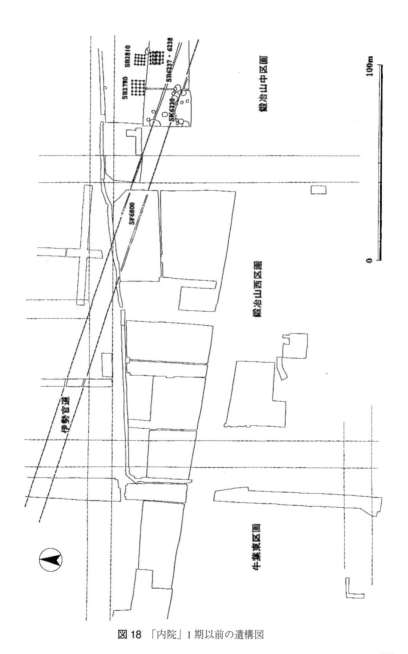

図18 「内院」1期以前の遺構図

多く含み[註3]、またC手法を主体とする土師器供膳具も、厚手の体部に立ち上がりの強い口縁部を持つ杯・皿の形式は、長岡京期のものとみるにはやや抵抗がある[註4]。また、Ⅰ-3基の土器群を長岡京期に上げると、平安時代初期に充てているⅡ-1期の土器群との形式的な差を合理的に説明しなければならない。とはいうものの、現在Ⅰ-4期には、編年の基準となる良好な一括資料に乏しく、斎宮の土器研究にあってⅠ-3～4期の編年的位置付けは盤石なものではなく、再検討すべき要素は多分に残されている。

その際には、この段階の遺構の解釈はまた見直されていく可能性がある。

b)「内院」1期（斎宮跡土器編年Ⅰ-4期（8世紀後葉）相当）

鍛冶山西区画に二重構造を成す大型掘立柱塀が出現する段階である。鍛冶山西区画では、外郭北辺の10尺等間の掘立柱塀SA6760は40間（＝400尺・118.4m）を測り、東端から南にSA6770が伸びるとともに、さらに東へSA2800として16間（47.36m）分延長し、そこからSA2813として南に折れる。外郭の東西延長は最大56間（165.76m）あることになり、鍛冶山西区画の範囲を超えて、鍛冶山中区画の領域まで含んでいる。このSA6760とSA2800を詳細に見ると、前者が1間2.95m、E4°25′Nの法線を持つが、後者では1間2.97m、E4°21′Nの法線となっている[註5]。SA2800はⅡ-1期には鍛冶山西区画の東辺区画道路の西側溝に比定するSD6520に重複されていることが第92次調査で報じられており、これに先行するものである。しかし、SA2800が南折したSA2813の東側には道路とみられるものはなく、外郭の他の辺と様相が異なる。内郭東西幅は、外郭のSA6720の半分の20尺であるが、両者の東西中心軸はずれている。こうしたことから、「内院」1期の中でも、①外郭が東西40間で収まり、区画の東辺はSA6770で画される。②外郭の東にSA2800・2813による囲みが付設され、鍛冶山西区画が東に拡張する段階。また、区画内の大型建物SB7385・8050とSB7950が東西の軸線と棟方向を揃えているにも関わらず、前者と後者の間を内郭東辺のSA8080が通り、外郭と東西中軸線が合っていないことから、内郭もまた②の段階に整備された可能性がある。

この他、外郭・内郭いずれにも倉庫建物と考えられる総柱建物や、これまでの発掘調査で最大の建物SB9750が建てられたり、これも斎宮で最大規模を誇る井戸SE7920が設けられたりと、この段階の鍛冶山西区画は後の内院

3 斎宮と方格地割

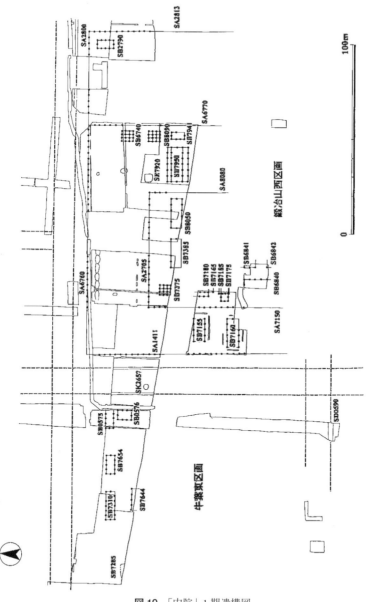

図19 「内院」1期遺構図

に見られない特徴が多数見受けられる。
　一方，西接する牛葉東区画では，わずかに掘立柱建物がみられるものの，大型掘立柱塀などの内院を想起させる施設は全く見られない。
　さらにⅠ-4期には，牛葉東区画の北（柳原区画に相当）で，方格地割に先行する古代伊勢道の道路面上に須恵器壺Gを出土する竪穴建物が設けられるなど，周辺に宮殿・官衙的な様相はあまり整っていないようである。おそらく「内院」地域以外には方格地割の整備も進んでおらず，斎宮そのものが「内院」とその周辺だけで完結していたのではないかと考えている。後の「内院」に見られない，倉庫建物を区画内部に包摂しているのもそうした事情によるものだろう。
　『続日本紀』には，宝亀2（771）年11月に，斎宮造営のため鍛冶正気太王を派遣したとあり，1期の内院は，光仁天皇がのちに酒人内親王を斎王として派遣するのに先立って整備したものと考えられる。また，宝亀5（774）年に酒人内親王が伊勢斎宮に着任した後，母親で天皇呪詛の罪で廃后されていた井上内親王が宝亀6（775）年に薨去している。そのため，詳細な記録はないが，酒人内親王に続いて光仁の斎王として浄庭女王が斎王に任じられたとみられる記述が『一代要記』や『二所太神宮例文』などに散見される。あるいは「内院」1期に見られる二つの段階はそうした事情を反映したものかもしれない。

c)「内院」2期（斎宮跡土器編年Ⅱ-1期（8世紀末〜9世紀初頭）相当）
　鍛冶山西区画の内郭の塀が消失し，二重構造ではなくなる。外郭も北辺を南に約2.4 m移動させSA6780とするとともに，東西幅も短縮して40間幅に復する。しかし，区画西部に南北方向の掘立柱塀SA7400や，北東部にL字形の区画溝SD6810などの区画を細分する施設は残る。
　その一方，牛葉東区画にも東西360尺（約107 m），南北321尺（約95 m），柱間10尺の大型掘立柱塀が新たに成立する。こうした「内院」の拡張・整備に合わせて，方格地割の整備も本格的に進められた段階と考えている。
　延暦元（782）年に桓武天皇が朝原内親王を斎王に定め，延暦4（785）年に紀朝臣作良を造斎宮長官として派遣した記録が『続日本紀』にあり，この「内院」の大改造はこれに対応するものと考えている。

3 斎宮と方格地割

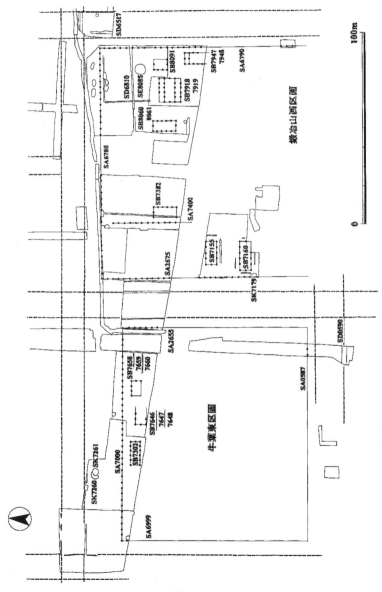

図20 「内院」2期遺構図

Ⅱ. 発掘調査からみた斎宮の歴史的変遷

図21　牛葉東区画で検出した掘立柱塀写真

d)「内院」3期（斎宮跡土器編年Ⅱ－2期（9世紀前葉）相当）

　基本的には「内院」2期の建物配置を踏襲している。しかし牛葉東区画では，3期の中で掘立柱塀の北辺SA7000に重複するL字形の溝が掘られており，この間に塀が消失していったものとみられる。鍛冶山西区画では，区画の北東隅や北西隅に多量の土師器供膳具を含む廃棄土坑がみられるようになる。

　天長元（824）年から承和6（836）年までの12年間，斎宮はさらに神宮に近い度会郡の離宮院に移転している。牛葉東区画の掘立柱塀の消失は斎宮移転に伴うものである可能性もある。

e)「内院」4期（斎宮跡土器編年Ⅱ－3～4期（9世紀後半～10世紀前半）相当）

　牛葉東区画だけでなく，この時期には鍛冶山西区画の塀もこの時期までには確実に消失している。しかし鍛冶山西区画の内部は依然，掘立柱塀の他，築地あるいは土塁の可能性がある二条並行する溝によって細分されている。建物の配置は前段階を踏襲しているが，小規模化するようである。

　区画の外周には，大量の土器を投棄する土坑が多数みられ，活発な儀式ないしは饗宴がうかがわれる。Ⅱ－3期の編年基準資料にもなっているSK2650はその最大のもので，約34万片の土器が出土し，その約99.3％が土

3 斎宮と方格地割

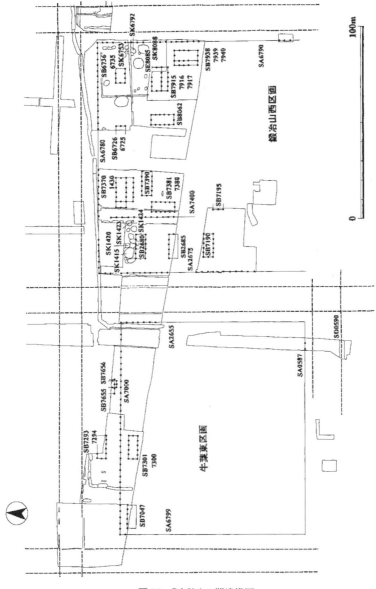

図22 「内院」3期遺構図

Ⅱ. 発掘調査からみた斎宮の歴史的変遷

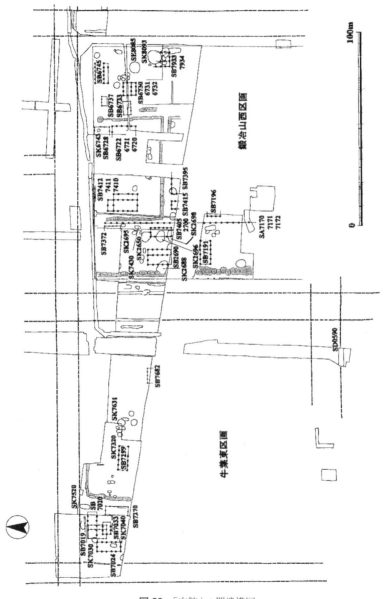

図 23 「内院」4期遺構図

3 斎宮と方格地割

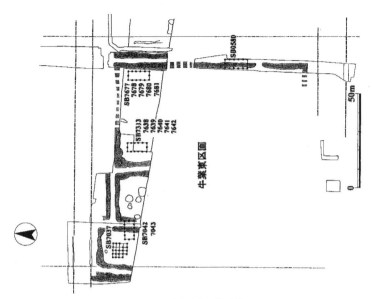

図24 「内院」5期遺構図

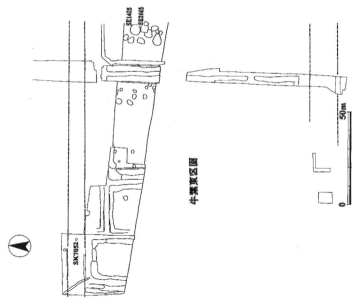

図25 「内院」6期遺構図

師器供膳具だが，陰刻花文を施した稜椀・皿・香炉蓋や唾壺，多口瓶などの多彩な緑釉陶器も目を見張るものがある。

　しかし鍛冶山西区画は10世紀の半ばまでには完全に廃絶し，以後遺構が全く見られなくなる。先に触れた築地ないしは土塁の基底部とみられる並行溝には大量のⅡ-4期の土器が廃棄され埋没している。一方，牛葉東区画でも建物の小型化が進む。

f)「内院」5期（斎宮跡土器編年Ⅲ-1～2期（10世紀後半～11世紀）相当）

　鍛冶山西区画が廃絶した後，牛葉東区画で区画内を細分する二条並行する溝がみられる。この並行する溝の間には現在までわずかな高まりが残っており，平成23年度の第174-11次調査で基底部幅約2mの土塁状遺構を確認している。なお同様の遺構は昭和54年に伊勢市小俣町の離宮院跡でも平安時代後期のものが確認されている(註6)。牛葉東区画では現在少なくとも3区画以上に細分されていたことが確認されており，区画南東部には区画溝が途切れた箇所もあり，通路の可能性がある。

g)「内院」6期（斎宮跡土器編年Ⅲ-3期～Ⅳ期（12世紀）相当）

　この段階には明確な建物遺構は確認していない。しかしながら「平仮名」墨書されたものも多数含むⅢ-3期相当の土器が大量廃棄されていることから，未調査の部分に建物が分布する可能性が高い。しかしⅣ期になると遺物もほとんど見られなくなり，12世紀のうちに牛葉東区画の衰退が進んだものとみられる。

　鎌倉時代にも斎宮は存続していたが，現在この時期の「内院」の様相は全く分かっていない。

〔註〕
(1)「第六章　内院地区の遺構変遷」『斎宮跡発掘調査報告Ⅰ』斎宮歴史博物館　2001年
(2)山中章「斎宮・離宮院変遷の歴史的背景 ― 離宮院遷宮にみる古代王権と伊勢太神宮 ― 」『仁明朝史の研究 ― 承和転換期とその周辺 ― 』古代學協會編　2011年
(3)斎藤孝正・後藤健一編『須恵器集成図録　東日本編Ⅰ』雄山閣出版　1995年
(4)小森俊寛監修・著『京から出土する土器の編年的研究』京都編集工

房　2005 年
(5) 大川勝宏「斎宮跡方格地割に関する二・三の試論」『斎宮歴史博物館研究紀要 17』　2008 年
(6) 御村精治・榎本義譲ほか『離宮院跡発掘調査報告』小俣町教育委員会　1980 年

3.「斎宮寮庁」（柳原区画）の調査

　柳原区画は，方格地割の中では東から 3 区画目，北から 2 区画目にあたり，内院に比定している牛葉東区画の北側に接している。この区画は一辺 400 尺四方の規模ではありながら，西接して「御館」という地名が残っており，昭和 54 年度の第 20 次調査で大型の庇付建物の一部が見つかっているなど，方格地割の中でも枢要な区画と考えられてきたが，平成 27 年度完成予定の斎宮跡史跡東部整備事業のため，平成 19 年度から集中的に発掘調査が行われ，区画内の約 80％の調査を終えており，詳細な遺構の変遷が追えている。調査成果のうち遺構については『斎宮跡発掘調査報告Ⅱ』にまとめられている[註1]。これに基づき区画内の主要な建物の変遷を見ていきたい。

図 26　第 152 次調査航空写真

Ⅱ．発掘調査からみた斎宮の歴史的変遷

柳原区画の主要遺構の変遷

a）柳原区画A期（斎宮跡土器編年Ⅰ－4期～Ⅱ－1期（8世紀末～9世紀初頭）相当）

　方格地割が成立する段階である。この時期の多くの建物が方格地割と同様おおむねE4°Nに近い棟方向を取る。A期はさらに二つの小期に分かれるとみられるが（A－1期，A－2期），この段階での最大の特徴は，一辺400尺四方の方形区画を4等分するように，区画の東西中央軸線の位置にSD9044，南北中央軸線の近くにSD1322がある。これらの溝は浅く，区画東半や北半では延長を確認していないが，本来は区画全体を4分割するものであったと考えている。その中で，特にA－1期には，南東と南西の2小区画にそれぞれ大型の倉庫と考えられる総柱建物SB1050・0263があり，北西の区画にも大型の柱穴を持ち，倉庫建物の可能性があるSB9900がある他，この段階まで遡る可能性がある井戸も，区画内に均等に配置されているようにも見えることから，4等分された小区画の同質性がうかがわれる。A－2期にはこの4分割はやや崩れるようだが，やはり建物は区画全体に等質的に配置されているように見える。こうしたことからA期の柳原区画は倉庫建物やそれに伴う建物で構成される実務官衙域であったと考えられる。

　なお柳原区画では，全期を通して区画内部を細分する施設はみられるものの，「内院」のように区画外周を囲む塀や築地などの区画内を囲繞する遺構は確認できていない。

b）柳原区画B期（斎宮跡土器編年Ⅱ－1期～2期（9世紀前葉）相当）

　この段階で柳原区画は，区画中央部南寄りに建てられた四面庇付建物SB9800を中心に区画が構成され，ほぼ東西正方位を取る溝SD1326を境に区画が南半と北半で配置される建物に明確な違いが現れるというドラスティックな変化が現れる。

　区画南半を見ると，区画正殿と考えられるSB9800を中心にその前面西寄りに棟方向を揃えて大型の三面庇付建物SB1080aが，SB9800の前面東寄りには東面に庇が付く南北棟SB9003が配置される。またSB9003の東にもこれと直交するように南面に庇を持つ東西棟SB9005がある。これらの建物の間には広場的な空間があり，この南端に大型の井戸SE9835がある。SB9800の東西両側には3間×2間の小型の建物がシンメトリカルに配置されている。

③ 斎宮と方格地割

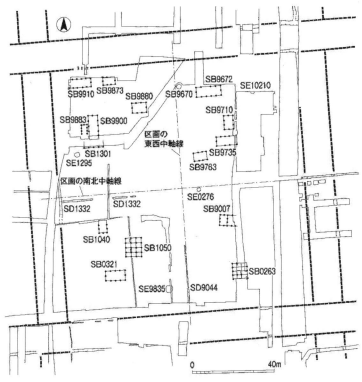

図27　柳原区画A期の建物配置

　一方区画北半には顕著な大型建物はなく，3間×2間程度の小型の掘立柱建物がほぼ等間隔に配置されている。これらは規模・形状から倉庫や雑舎的なものとみられるだろう。こうしたことからB期には，区画南半は大型建物を中心としたハレの場，北半はそれを支える後背的なエリアとして，1町規模の区画全体で一体的に機能するよう再構成されたことが分かる。
　また，B期の建物は正方位〜N2°Wの棟方向を取り，方格地割からみると2°〜4°振れた形になっている。こうした区画全体の変更の契機としては，延暦22（803）年から大同3（808）年頃の史生四員の増員や，炊部司への主典の設置など[註2]，斎宮寮の増員等に伴う機構整備が考えられる。方格地割全体でも，この機構整備に伴って南西の四区画が増設されたと考えていること

123

Ⅱ. 発掘調査からみた斎宮の歴史的変遷

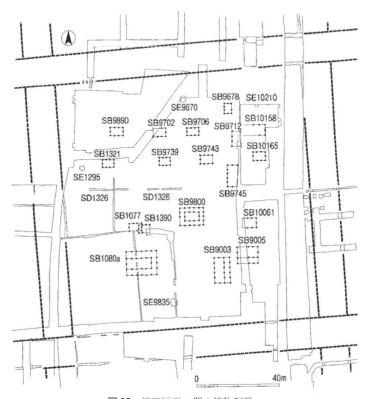

図 28 柳原区画 B 期の建物配置

から^(註3), 斎宮全体でも方格地割内の再編成があったものと考えられる。なお、その後斎宮は、天長元（824）年に度会郡の離宮院に移転する^(註4)。これに伴い斎宮の主要な施設は離宮院への移転が進められたと考えられるためB期は延暦22（803）年頃から天長元（824）年頃に限定できるものと考えている。

c）柳原区画C期（斎宮跡土器編年Ⅱ－2期～3期（9世紀前葉～後半）相当）
　度会離宮院に移転した斎宮が、大火により承和6（839）年に再び多気郡に復された^(註5)以降の段階と考えている。B期において区画の中心的な建物であった四面庇付建物SB9800は、北に約16m移動してほぼ同規模・同一形

124

[3] 斎宮と方格地割

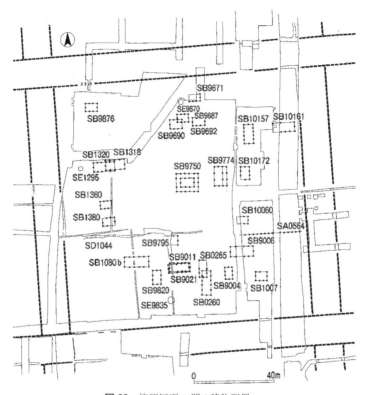

図29 柳原区画C期の建物配置

状でSB9750として建て替えられる。そしてその前面には広場が設けられているが、区画全体でみると前代のような二分割した構成は崩れ、むしろ正殿の前面で区画を細分する東西方向の掘立柱塀SA0564や、溝SD1044があり、その南側にもB期のSB1080aの身舎の柱筋を踏襲するSB1080bなどの大型建物もみられる。区画の北東や北西にはC期なって新たに構成された建物群もあり、B期の構成を一部残しながら斎宮の再移転に伴う再整備の状況がうかがわれる。なおC期の建物は正方位に近いものから、N3°～4°Eの棟方向のものまであり、後者が若干後出するものと考えている。

Ⅱ. 発掘調査からみた斎宮の歴史的変遷

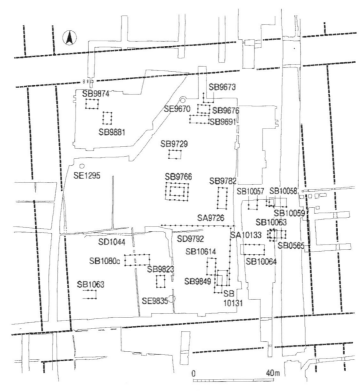

図30 柳原区画D期の建物配置

d) 柳原区画D期（斎宮跡土器編年Ⅱ－3期（9世紀後半）相当）

　区画中央の四面庇付建物が同規模・同一形状でSB9766に建て替えられる。ただし建物の棟方向はN2°Eと，前段階から大きく振れたものとなっており，区画内でもほとんどの建物がこれに柱筋をあわせている。

　しかし，区画南半を掘立柱塀や溝で画する構成はそのまま残る。ただ掘立柱塀でみると，区画南半を東西に区切るSA10133があり，区画南半を細分する傾向もみられる。

　D期の建物群のように，方格地割のE4°20′Nと逆方向に建物の向きを変えるのは，東隣の西加座南区画や西隣の御館区画でもⅡ－2～3期並行期にみられ，方格地割中央部では一斉に起こった変化である可能性が高いが，その変化の根拠は明らかではない。

3 斎宮と方格地割

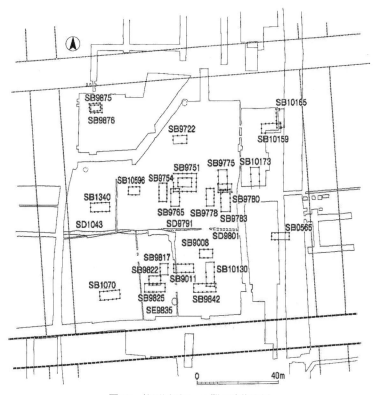

図31 柳原区画E-1期の建物配置

e）柳原区画E期（斎宮跡土器編年Ⅱ-3期～Ⅲ-1期（9世紀後半～11世紀前葉）相当）

　区画中央のSB9766がSB9751に建て替えられる段階である。この時期の建物は大きく分けて棟方向が正方位に近いものと，N3°～4°Wのものがあり，E-1期とE-2期の2小期に分けられるものと考えている。

　正方位に近い建物が主体となるE-1期の段階では，区画中央のSB9751にⅡ-3期相当のSB9765が柱筋を重複させており，小期の冒頭では区画正殿たる四面庇付建物が無かった状態がうかがわれる。このSB9765は5間×2間の南北棟で，約13m東に並列するように同規模の南北棟SB9778がある。他にも周囲にはSB9754・9783・9775・10713といった5間×2間規模の南北棟が集中してみられるが，斎宮跡で検出される掘立柱建物のうち，建物群

127

Ⅱ．発掘調査からみた斎宮の歴史的変遷

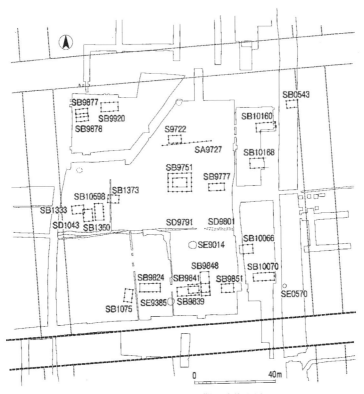

図32　柳原区画E-2期の建物配置

の中心になるものや独立して建てられるものは東西棟が主体となるが，E-1期には区画中央部で南北棟が卓越する特異な状況があったようである。

　これ以外は基本的にD期の建物配置を踏襲しているようである。掘立柱塀こそなくなるが，溝SD1043やSD9791などによって，区画は大きく北と南に分割されており，北半の中にも北西隅や北東隅，西端中央などに建物群がみられる。

　E-2期は，前代の建物群配置を踏襲するものの，棟方向がN3°～4°Wに振れていく。区画南半の建物は，南辺区画道路近くに5間×2間の規模の東西棟が間隔を開けながら配置される傾向が現れる。また，この頃までに区画成立時から存続してきた井戸はほぼ埋められており，それに代わって区画南

③ 斎宮と方格地割

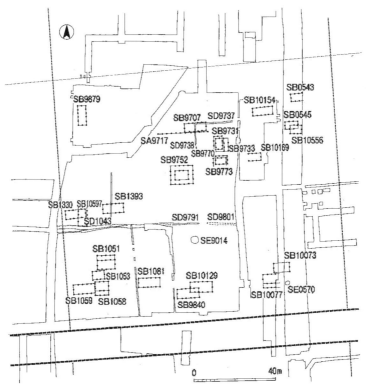

図33　柳原区画F期の建物配置

半にSE9014やSE0570が新たに設けられる。区画の北半で掘立柱塀SA9727が現れるのもE-2期の変化である。

f) 柳原区画F期（斎宮跡土器編年Ⅲ-2期（11世紀中葉～後葉）相当）
　区画中央の四面庇付建物がSB9752に建て替えられる段階である。SB9752はN4°Wの棟方向を取るが、区画内の建物はほぼ正方位のものから、N7°Wに振れるものまで混在している。基本的にE-2期の建物群の配置を踏襲しているが、区画北東ではL字形になる溝SD9737・9738に東面に庇の付くSB9733が囲まれる構造が現れたり、区画南半の建物群も5間×2間の東西棟を中心に、おおむね四つのグループに分かれるとともに、中には南面に向かって庇を持つものもあり、南辺区画道路側への意識を強くしていることが

129

Ⅱ. 発掘調査からみた斎宮の歴史的変遷

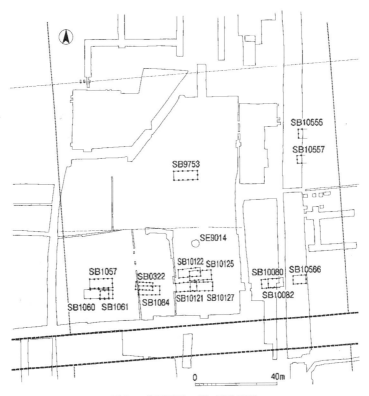

図34　柳原区画G期の建物配置

うかがわれる。
　なお，北辺区画道路は，側溝は埋没し，少なくともこの段階までには道路機能を失っていたものと考えられる。

g）柳原区画G期（斎宮跡土器編年Ⅲ-3期〜4期（12世紀）相当）
　区画中央から四面庇付建物が消失する段階である。ただし，区画中央には単独で5間×2間の東西棟SB9753が建てられ，機能は継承されているとみられる。全体的に建物の密度は低くなり，区画の北半にはほとんど建物がみられない。しかし南辺区画道路に沿ってはE期から形成されてきた東西棟を中心とする建物群が一層顕著となる。平安時代後期以降，道路機能が維持されているところに建物が集中する状況は方格地割内外の他の地区でも確認さ

れる。しかし柳原地区の場合は建物配置に規則性がうかがわれる点が特徴であり，南接する牛葉東区画が「内院」であることをあわせ考えると，12世紀代の勅使の伊勢下向の記録との関連が注目される。

『雅実公記』長治 2 (1105) 年には「過斎宮寮之間，神寳南門。予従西路経北路渡東。見物桟敷所々雑人少々，宮寺邊等閑也。」とあり，『中右記』永久 2 (1114) 年に「午刻過斎宮北面方，神寳過南門前。斎宮女房立車見物。」と記されるとおり，「内院」の北側を通り勅使が通過する斎宮北路は，幅員が狭いと考えられる方格地割北辺道路や，すでに機能を失っていたと考えられる柳原区画北辺区画道路ではなく，この柳原区画南辺道路であった可能性が高いと考えられる。

柳原区画の性格

　柳原区画の建物を中心とした主要遺構の変遷を概観したが，これに出土遺物の状況を加えると，この区画には以下のような特徴があることがうかがえる。

- 方格地割の創成期から平安時代をとおして，区画としての形態を維持し機能している。
- B 期以降は，区画中央部に四面庇付建物やその機能を継承した大型建物が設置され続ける。四面庇付建物は斎宮跡のこれまでの発掘調査でもその可能性があるものが断片的に見つかっているだけである。
- 四面庇付建物は少なくとも 5 回の建て替えが行われており，規模・形態を変えていない。また，その南面に常に一定の空間が確保されており，南面を正面とする意識がうかがわれる。
- 区画外周を囲む施設は見つかっていない。
- 土器類の廃棄土坑は各時期に見られるが，「内院」のような土師器供膳具が突出するような廃棄土坑はなく，また「内院」に比べて規模が小さい。最も多量の土器が出土した斎宮跡土器編年Ⅱ期の土坑は四面庇付建物 SB9800 等や三面庇付建物 SB1080 周辺に多くみられる。
- 全体に煮炊具の出土が少なく，火気の使用をうかがわせる遺構もほとんどない。

　以上のような特徴を踏まえ，また四面庇付建物が地方官衙にあっては国衙等の正殿や，国司館としての格式を有していたことを考えると[註6][註7]，B

期以降の柳原区画は「斎宮寮庁」として,実務官衙ではなく,正殿となる四面廂付建物とその前庭となる広場や脇殿となる建物と一体的に機能する,斎宮寮の儀礼的な空間であったと見られる。

斎宮寮庁では,斎宮寮長官(斎宮寮頭)のもと10世紀の『延喜斎宮式』にも記載されている祈年祭・新嘗祭に伴う儀式や,一月三日の神宮大宮司の拝賀に伴う饗応,諸国から斎宮に納める調庸雑物を受け取り返抄を与える儀式などが行われた可能性がある他[註8],11世紀の『春記』に記される「勅使房」のように[註9],勅使や神宮からの使節を接遇する施設として使用されたことも想定される。このように柳原区画は,斎宮寮と斎宮寮長官の権威を示す場であったと考えられるのである。

〔註〕
(1)『斎宮跡発掘調査報告Ⅱ 柳原区画の調査 遺構・遺構総括編』斎宮歴史博物館 2014年
(2)『日本紀略』延暦二十二年正月五日条,『日本後紀』大同三年八月三日条
(3)大川勝宏「斎宮跡方格地割に関する二・三の試論」『斎宮歴史博物館研究紀要17』 2008年
(4)『類聚国史』天長元年九月十日条
(5)『続日本後紀』承和六年十一月五日〜十二月二日条
(6)『第15回古代官衙・集落研究会報告書 四面廂建物を考える』独立行政法人国立文化財機構奈良文化財研究所 2012年
(7)田中宏明『国司の館』学生社 2006年
(8)前掲(1) P149〜155
(9)『春記』長暦二年九月廿八日

4.その他の区画

この他の区画については,発掘調査面積の粗密があったり,調査データの詳細な検討がなされていないため,各区画内の変遷について概述するにとどめたい。

《方格地割中央部の区画》

西加座南区画

「内院」鍛冶山西区画の北に,「寮庁」柳原区画の東に接する区画である。

3 斎宮と方格地割

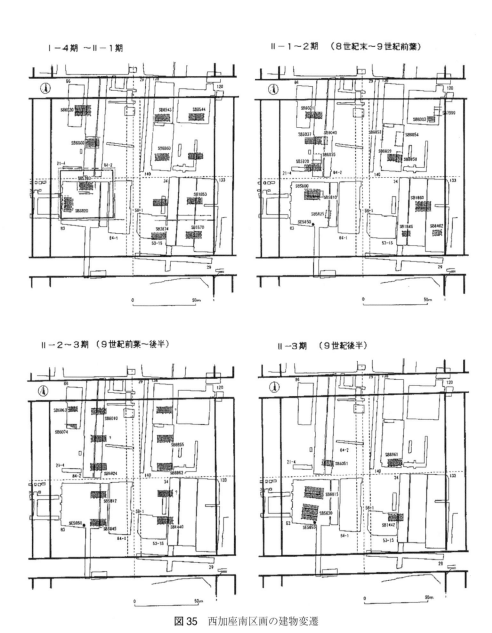

図35　西加座南区画の建物変遷

Ⅱ. 発掘調査からみた斎宮の歴史的変遷

　斎宮跡土器編年Ⅰ-4期併行期から建物が現れるが、特にⅠ-4期〜Ⅱ-1期にかけての時期に、区画南西部に東西14間×南北12間の大型掘立柱塀に囲まれた空間にL字形配置の2棟の建物が配置され、これまで「神殿」と想定されている。Ⅱ-1期頃には小型模造品や小型高杯など、祭祀に関連するとみられる遺物も多数出土している[注1]。一方、区画の東半には5間×2間の東西棟が、南北に4棟ずつ2列、計8棟が並立しているとみられ、同じ区画内でも東半・西半で性格が大きく異なるようである。
　この「神殿」施設は長期間存続せず、Ⅱ-1〜2期頃からⅡ-3期にかけての時期には、大型掘立柱の塀は消失し、5間×2間の建物が並立する様相になる。後述する西加座北区画の在り方と対比すると興味深い状況である。
　遅くともⅡ-3期には西接する柳原区画と同様、区画の西半に現れた二面庇付建物（SB6815・6830）は、方格地割の軸線に大きく違えるN2°Eの棟方向を持つ。柳原・西加座南区画間道路を挟むものの、一体的な建物造営が行われたとみられる。Ⅱ-2〜3期にかけては、この区画からは「寮□」「少允殿」「目代」「大炊」など官司名に関連する墨書土器が、他の区画から際立って出土しており、官衙的色彩を強めているようである。
　Ⅲ-1期になると極度に建物が減少し、Ⅲ-2期を境にそれ以降の建物は見つかっていない。方格地割中央部の区画ながら、11世紀には空閑地となっていくが、「内院」鍛冶山西区画の衰退と連動する可能性がある[注2]。

〔註〕
(1) 大川勝宏「斎宮跡の祭祀と出土遺物」『三重県史』資料編　考古Ⅱ　2008年
(2) 大川勝宏「斎宮方格地割の変遷・画期についての素描」『斎宮歴史博物館研究紀要24』　2015年

西加座北区画
　西加座南区画の北側に接する。斎宮跡土器編年Ⅰ-4期併行期から建物が現れると考えられている。Ⅱ-1期には区画中央を南北方向に想定されている区画間道路を挟んで、東半・西半にそれぞれ5間×2間の掘立柱建物が8棟ずつ並列している。これらの建物は柱掘形が一辺0.8m前後、柱間寸法で8尺と、斎宮跡では大型のもので、多くは2回程度の建替えがあったようで

ある。建物は相互に南北に約30mの間隔を開けており，『延喜斎宮式』に現れる「寮庫」にあたるもので，蔵部が調庸雑物を監理した施設であるとみられている(註1)。しかしながら，不思議なことに西加座北区画では，区画外周を囲む築地・土塁・塀のようなものは現在まで確認されていない。

　一時期整然とした建物配置をみせた西加座北区画も，Ⅱ-2期頃には整然とした建物配置は失われるものの，Ⅲ-2期頃まで区画全体に万遍なく建物が建て続けられる。それ以降も，区画北辺道路に沿って，第51次調査区では，平安時代の終わりまで多数の建物がみられる。

〔註〕
(1)榎村寛之「道と蔵　文献より見た斎宮の構造についての覚書2」『斎宮歴史博物館研究紀要6』1997年

御館区画

　「寮庁」柳原区画に西接する。区画北半は浅い谷地形となっており，遺構はあまり確認されていない。まだ区画全体を通暁した検討はないが，斎宮跡Ⅱ-1期からⅢ-4期頃まで遺構・遺物が認められる。特に区画南東隅の第19次調査区では，平安時代前期の建物が多数みられる。Ⅱ-2～3期並行期には，柳原・西加座南区画と同様，方格地割の軸線と大きく違えるN2°Eの棟方向を持つSB1000やSB0315・0999などがある。特にSB1000は東と南に庇を持つ南北棟で，斎宮にあっては特異なプランの建物である。柳原区画を中心に，御館区画から西加座南区画にかけて，一体的に建物が構成されているように見える。

　一方，詳細な時期の検討などが行われていないが，南辺区画道路に沿って5間×2間の東西棟がⅢ期のかなりの期間を通じて建ち並んでいたようであり，柳原区画同様，南辺区画道路を意識した建物配置だったことがうかがわれる。

下園東区画

　柳原区画の北側で，西加座北区画の西側に接する区画である。近年実態解明のための調査が進み，正式報告書はまだ刊行されていないが，区画内の建物変遷についての整理が進んでいる。

a)　下園東区画A期（斎宮跡土器編年Ⅰ-4期（8世紀末）相当）
　区画内にはまだ建物はほとんど無く，掘立柱建物1棟と土坑がみられるの

みである。方格地割自体，この段階で当区画周辺まで敷行されていなかった可能性がある。

b) 下園東区画B期（斎宮跡土器編年Ⅱ－1～2期（8世紀末～9世紀初頭）相当）
　方格地割の整備がすすめられた段階と考えられるが，まだ建物は少なく，区画中央部に3棟，北西部に1棟みられるのみである。

c) 下園東区画C期（斎宮跡土器編年Ⅱ－2～3期（9世紀前葉～後半）相当）
　下園東区画の構造が一変する段階である。5間×2間の東西棟が南北に4列，東西に4列の計16棟，区画内に並列的に建てられたと考えられている。棟方向は方格地割と揃い，先に見た西加座北区画の「寮庫」がⅡ－2期には途絶したのを受け，西接する下園東区画に移設されたかのようである。

　Ⅱ－2期頃には，天長元（824）年の度会郡離宮院への斎宮移転と，承和6（839）年に百余宇を焼亡する大火にあって，多気郡の斎宮に復されたという一連の事件があり，これとの関連が推定されており，下園東区画の倉庫とみられる建物群は，承和6年にこの地に斎宮が戻された後に整備されたものとみられている。

d) 下園東区画D期（斎宮跡土器編年Ⅱ－3期（9世紀後半）相当）
　C期の倉庫群とみられる規則的な建物配列は，一部前代を踏襲するものの，16棟を整然と配置するプランは崩れていく段階である。
　特に区画南半は，微地形的に東西方向の浅い谷が通っているためか，建物密度が極度に薄くなる。
　棟方向がE2°N前後に振れるものもあり，建物の小型化も進む。

e) 下園東区画E期（斎宮跡土器編年Ⅱ－4期～Ⅲ－1期（10世紀前葉～11世紀前葉）相当）
　区画西半には建物が見られなくなる一方，区画東辺道路に建物が集中する。建物棟方向のばらつきが大きくなる。

f) 下園東区画F期（斎宮跡土器編年Ⅲ－1～2期（10世紀後半～11世紀）相当）
　区画内の建物はさらに減少し，区画北東部のみに集中するようになる。南接する柳原区画との区画間道路はこの段階には完全に消失していたようである。

3 斎宮と方格地割

《方格地割東部の区画》

鍛冶山中区画

　面的な調査は依然少なく，まとまったものでは北半部の第46次・第88次調査があるのみである。「内院」鍛冶山西区画に東接しており，「内院1期」には鍛冶山西区画の外郭掘立柱塀が延長してきて，この区画と一体化する時期がある。今後の調査に期するところも大きいが，現時点では斎宮跡土器編年Ⅱ-3期（9世紀後半）相当の段階までしか建物がみられず，鍛冶山西区画と一体的な変遷をたどっている可能性が高い。

東加座北①区画

　斎宮跡土器編年Ⅰ-4期～Ⅱ-1期から建物は見られるが，北部の第80次調査区を除き，10世紀前半以降建物が大きく減少していき，11世紀後半以降は建物が無くなる。第80次調査区は，方格地割外へ北に延びる道路に接する位置にあり，この部分は区画が衰退しても継続して空間利用されたようである。

東加座北②区画

　斎宮跡土器編年Ⅰ-4期相当の段階から建物が現れ，東加座北①区画とほぼ同様の変遷をたどる。方格地割北辺道路に接する第69次・第79次調査区で多数の建物がⅢ-1～2期頃までみられる。その後東加座北①区画と同様，11世紀ころには空閑地となっていくようである。

東加座南①区画

　斎宮跡土器編年Ⅱ-1期相当から建物が現れ，Ⅲ-2期相当まで一定程度の空間利用がなされているようだが，12世紀には空閑地化していったとみられる。

東加座南②区画

　斎宮跡土器編年Ⅰ-4期相当から建物がみられるが，11世紀後半から12世紀にかけて空閑地化していくようである。

《方格地割西部の区画》

　全体的に調査率が低く，実態の解明は進んでいない部分が多い。方格地割北西四区画分は，後述するように現在一辺400尺の規格の方形区画が成立していなかった可能性があるため，区画名は仮称として整理した[注1]。

Ⅱ. 発掘調査からみた斎宮の歴史的変遷

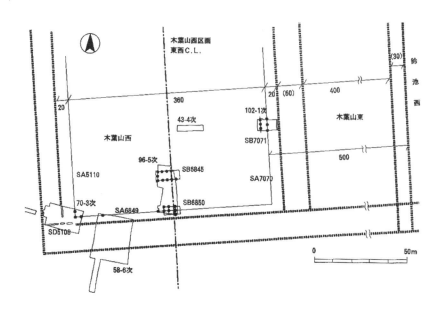

※規模を示す数字の単位は尺

図36 方格地割南西部の状況

木葉山西区画

　方格地割の南西隅にあたる。第96-5次調査で，柱掘形埋土から斎宮跡土器編年Ⅱ-1期相当の土師器杯片が出土した八脚門SB6850と，その北側に東西5間以上になる東西棟が見つかっているが，いずれも建て替えの痕跡は無く，また，八脚門に取り付く掘立柱塀SA5110・6849・7070も比較的短期間のうちに消失していくように見える。そして，このⅡ-1期以降の建物は現在のところ全く見つかっていない。

　なお，この八脚門を中心とする掘立柱建物柱塀の囲みの東辺SA7010は，実態解明が進んでいない東接する木葉山東区画を越え，下園西区画～鈴池西区画の西限までの距離は147.6mを測り，これはほぼ500尺になる。この西限ラインから先に見てきた方格地割設計プランの設計道路幅50尺と区画幅400尺を割り付けてくると，このSA7070の位置は木葉山西区画の東辺道路の西側の計画線にならなければいけない。つまり全体に20尺ほど距離が短

138

くなっているのである。近年，宮ノ前南区画での第99次調査のSD6907を西側溝とした場合，その東側溝にあたる溝が立ち合い調査で確認され，下園西区画～鈴池西区画の西辺道路の計画幅が30尺だった可能性が高くなっている。

　木葉山西区画の掘立柱塀の規模から，方格地割南西隅の区画も400尺四方を基本としていたと考えられることから，下園西区画～鈴池西区画以西の4区画分は，Ⅱ-1期の中で増設されたものであると考えられる[註1]。Ⅱ-1期は8世紀末から9世紀前葉に位置づけられる。八脚門SB6850の柱穴から出土した土師器杯はⅡ-1期でも底部から体部への立ち上がり部分の形状が緩く，Ⅱ-1期でも比較的新相に見える。斎宮にあってこうした大きな増設を行う契機としては，『日本紀略』にみられる延暦22（803）年に斎宮寮に史生四員を増員した記事や，『日本後紀』にみられる大同3（808）年に炊部司に新たに主典を設置するなどの機構改革が考えられ，これは柳原区画B期の画期とも連動したものであると考えられる。9世紀の前半，斎宮は方格地割の拡大を伴いながら規模を増大させていたと考えられるのである。

〔註〕
(1)大川勝宏「斎宮跡方格地割に関する二・三の試論」『斎宮歴史博物館研究紀要17』 2008年

(仮) 上園北区画
　斎宮跡土器編年Ⅰ-4期相当には建物がみられ，11世紀頃まで建物がみられるが，数は極めて少ない。

(仮) 上園南区画
　斎宮跡土器編年Ⅱ-3期やⅢ-1期相当の建物が見られるが，数は僅少である。

(仮) 宮ノ前北区画
　現在，面的な調査はほとんどなく，遺構面が近世以降の瓦粘土採取などにより削平されているため，建物は見つかっていない。区画内の大部分が谷地となっているため，土地条件的にも良くない。

(仮) 宮ノ前南区画
　斎宮跡土器編年Ⅱ-1期併行から多数の建物がみられる。特に区画南東部

分では遺構密度も高く，12世紀に入って小規模なものながら建物数が急増する。方格地割内部でこうした傾向を示す地区は他にはない。

〔註〕
(1) 大川勝宏「斎宮方格地割の変遷・画期についての素描」『斎宮歴史博物館研究紀要24』 2015年

5. 方格地割の変遷と斎宮の変容

方格地割の変遷

　これまで見てきた，方格地割および方格地割内でも発掘調査が進捗している区画を中心に，建物遺構の変遷から動静・画期を見てきた。さらに発掘調査が進み区画内の遺構の変遷が詳細にわかっている「内院」の2区画，柳原区画，下園西区画以外の区画について検出した建物数の変遷を整理したものが表3である。これも読み解きながら，次に方格地割ひいては斎宮全体の各画期を改めて整理するために，これまで述べてきた各区画の画期と，その時期に符合する斎宮の施設の造替や焼亡の記録について併記してみた[註1]。

(1) 光仁朝の鍛冶山西区画の成立　8世紀後葉（Ⅰ-4期相当）

　「原方格地割期」とでも呼べる段階である。鍛冶山西区画がおそらく単独で史跡東部に成立する段階で，現在のところその周囲に整然とした地割が成立していた状況は確認できていない。「内院」1期にあたり，酒人内親王から浄庭女王の斎王在位の時期と推定される。鍛冶山西区画には，後代にはみられない，大規模な二重構造の掘立柱塀が造営される。

　・宝亀二（771）年　鍛冶正気太王の斎宮造営　（続日本紀）

(2) 桓武朝の方格地割整備　8世紀末（Ⅱ-1期相当）

　光仁朝に成立した鍛冶山西区画を核に，方形区画を増設し，東西5列，南北4列の方格地割が成立した段階である。その整備の過程で，「内院」は鍛冶山西区画と牛葉東区画の2区画に広がっている（「内院」2期）。朝原内親王の時期に比定される。

　・延暦四（785）年　紀作良の斎宮造営　（続日本紀）

(3) 南西4区画の増設と，方格地割内の再編　9世紀前葉（Ⅱ-1期相当）

　方格地割の南西4区画が増設される段階である。最も南西隅にある木葉山

表3 方格地割内の建物数の変化（1）

【方格地割中央部】
御館区画

調査次数	I-4	II-1	II-2	II-3	II-4	III-1	III-2	III-3	III-4	備　考
19次	−	12?	12	7	−	4	9	−	6	区画南東部
55次	−	2	−	−	−	3	1	−	−	区画南東部
158次	−	−	1	−	1	1	−	−	−	区画東部中央
172次	−	7	−	1	1	1	−	−	−	区画南部中央

西加座北区画

調査次数	I-4	II-1	II-2	II-3	II-4	III-1	III-2	III-3	III-4	備　考
130	2	7	4	23	6	9	−	−	−	区画東半
63	−	10	4	9	1	6	−	−	−	区画南東部
51	−	18	9	7	−	7	−	22	−	区画北西部
73	−	7	10	3	3	−	2	−	−	区画北西部
61	−	10	5	7	3	−	5	−	−	区画西部中央
90	2	8	4	9	1	1	1	−	−	区画南西部

西加座南区画

調査次数	I-4	II-1	II-2	II-3	II-4	III-1	III-2	III-3	III-4	備　考
120	−	4	2	5	3	−	−	−	−	区画北東部
133	−	−	1	5	4	7	−	−	−	区画南東部
34	−	2	2	5	2	−	−	−	−	区画南東部
136	−	−	2	5	1	−	−	−	−	区画北部中央
140	2	2	−	3	1	−	1	−	−	区画中央部北東寄り
86	1	8	5	13	8	−	−	−	−	区画北西部
83	−	5	4	8	7	5	−	−	−	区画北西部
84	−	−	4	3	2	2	−	−	−	区画南西部

　西区画では，八脚門とそれに取り付く大型の掘立柱建物柱塀の囲みが成立する。柳原区画では四面庇付建物を区画中央正殿とする，新しい建物構成が出現し，「寮庁」としての機能を持つようになったものと考えられる。延暦22（803）年と大同3（808）年に斎宮の機構を拡大整備しており，これに伴って方格地割の増設と機構の再整理が行われたものと考えられる。

　・延暦二十二（803）年　斎宮寮に史生四員置く　（日本紀略）
　・大同三（808）年　炊部司に長官主典を置く　（日本後紀）

(4) 度会郡への斎宮移転 （II-2期相当）

　斎宮は拡大伸長路線の末，神宮により近い度会郡の離宮院に移転する。この移転に伴い，方格地割の区画道路の中央にも廃棄土坑が多数掘られていたことが分かっており，一時的な移転ではなく，多気郡の斎宮は放棄する決意のもとでの移転だったことがうかがわれる。「内院」3期にあたり，牛葉東区画と鍛冶山西区画の大型掘立柱塀が無くなるのも，この移転に伴うものである可能性が高いとみられる。

　・天長元（824）年　度会離宮院への斎宮移転　（類聚国史）

II. 発掘調査からみた斎宮の歴史的変遷

表3 方格地割内の建物数の変化（2）

【方格地割東部】

鍛冶山中区画

調査次数	I-4	II-1	II-2	II-3	II-4	III-1	III-2	III-3	III-4	備考
46次	1	3	-	1	-	-	-	-	-	区画北部中央
88次	2	9	1	1	-	-	-	-	-	区画中央部北西

東加座北①区画

調査次数	I-4	II-1	II-2	II-3	II-4	III-1	III-2	III-3	III-4	備考
160次	-	-	1	-	-	-	-	-	-	区画北東部
57次		13	2	2	2	-	-	-	-	区画東部中央
75次	2	1	5	2	-	3	-	-	-	区画中央部北
52次	-	-	7	2	-	-	-	-	-	区画中央部
24次			10	4	-	-	-	-	-	区画中央部南
80次	-	2	9	2	1	6	1	-	-	区画北西部

東加座北②区画

調査次数	I-4	II-1	II-2	II-3	II-4	III-1	III-2	III-3	III-4	備考
64-2次	1	1		3		1	1	-	-	区画南東部
64-7次	1	1	5	2	2	-	-	-	-	区画南東部
66次	-	7	5	4		1	-	-	-	区画北部中央～北東部
79次	4	5	8	9	4		3	-	-	区画北西部

東加座南①区画

調査次数	I-4	II-1	II-2	II-3	II-4	III-1	III-2	III-3	III-4	備考
40次	-		7		9		2	3	-	区画東部中央
77次	-	6	2	1	2	1	1	-	-	区画西部中央
60次	-	6	6	8	1		7	-	-	区画南西部

東加座南②区画

調査次数	I-4	II-1	II-2	II-3	II-4	III-1	III-2	III-3	III-4	備考
69次	5	4	10	-	1		2	-	-	区画南東部
89-2次	-	2	6	7	3	-	-	-	-	区画北部中央
62次	6	3	6	6	-		9	-	-	区画北西部

(5) 多気郡への再移転と方格地割の再編 （II-2期相当）

度会郡離宮院の斎宮で殿舎が百宇焼亡する大火があり，再び多気郡の斎宮に戻り，これを「常斎宮」とした時期である。多気斎宮の再整備にあたり，柳原区画の寮庁の再整備（柳原C期）や下園東区画の建物群（倉庫?）整備（下園東C期）が行われる。

・承和六（837）年　度会斎宮の焼亡と多気への再移転 （類聚国史）

(6)「内院」の大型掘立柱塀の消失，下園東区画の建物群（倉庫?）の消失
9世紀後半（II-3期相当），

(5) の段階まで遡る可能性もあるが，少なくともこの段階までに「内院」では大型掘立柱塀の囲みはなくなり，鍛冶山西区画では土塁ないしは築地の基底部とみられる並走する溝により，区画内が細分されるようになる。

また，下園東区画に整備された倉庫の可能性がある建物群の構成は，この段階には早くも失われていく。

③ 斎宮と方格地割

表3　方格地割内の建物数の変化（3）

【方格地割西部】
(仮)上園北区画

調査次数	Ⅰ-4	Ⅱ-1	Ⅱ-2	Ⅱ-3	Ⅱ-4	Ⅲ-1	Ⅲ-2	Ⅲ-3	Ⅲ-4	備　考
127西	-	-	-	-	-	-	-	-	-	区画南東部
82	9	-	-	4	-	1	-	-	-	区画北部中央～北東
49	1	1	-	-	-	-	-	-	-	区画西部中央

(仮)上園南区画

調査次数	Ⅰ-4	Ⅱ-1	Ⅱ-2	Ⅱ-3	Ⅱ-4	Ⅲ-1	Ⅲ-2	Ⅲ-3	Ⅲ-4	備　考
115-2	-	-	-	2	-	-	-	-	-	区画北東部
111-1	-	-	-	-	-	2	-	-	-	区画中央部

(仮)宮ノ前北区画

調査次数	Ⅰ-4	Ⅱ-1	Ⅱ-2	Ⅱ-3	Ⅱ-4	Ⅲ-1	Ⅲ-2	Ⅲ-3	Ⅲ-4	備　考
121-1	-	-	-	-	-	-	-	-	-	区画北東部
135	-	-	-	-	-	-	-	-	-	区画東部中央
127東	-	-	-	-	-	1	-	-	-	区画南西部

(仮)宮ノ前南区画

調査次数	Ⅰ-4	Ⅱ-1	Ⅱ-2	Ⅱ-3	Ⅱ-4	Ⅲ-1	Ⅲ-2	Ⅲ-3	Ⅲ-4	備　考
99	-	1	-	1	2	-	4	34	-	区画南東部
118	-	3	3	6	3	7	3	12	-	区画南東部
95	-	1	2	2	-	-	2	7	-	区画中央南寄り
93	-	2	-	-	2	1	-	-	-	区画西部中央
78	-	-	1	9	2	-	-	-	-	区画北西部

・貞観九（867）年　寮火災　官舎十二宇延焼　（日本三代実録）
・元慶五（881）年　斎宮雑舎修理　（日本三代実録）
・寛平七（895）年　造斎宮使派遣　（二所太神宮例文）

(7)「内院」鍛冶山西区画（鍛冶山中区画も含む）の衰退　10世紀前半（Ⅱ-4期相当）

　「内院」鍛冶山西区画で，この段階を境に建物だけでなく溝や土坑も見られなくなる。先の段階にできた土塁ないしは築地の基底部の溝にはⅡ-4期相当の土器類が大量に廃棄され，鍛冶山西区画の廃絶が進んだ様子がうかがわれる。「内院」4期に相当する。

・延喜二十二（922）年　斎宮寮失火　（扶桑略記）
・承平三（933）年　斎宮を修造　（類聚符宣抄）

(8)西加座南区画の建物の消失　東部区画の衰退　宮ノ前南区画の建物増加　10世紀後葉～11世紀（Ⅲ-1～2期相当）

　「内院」牛葉東区画では，廃絶した鍛冶山西区画と呼応するように，土塁等の基底部とみられる2条並走する溝が出現し，区画内を細分する。「内院」5期に相当する。

Ⅱ. 発掘調査からみた斎宮の歴史的変遷

　方格地割中央部ながら，この時期までに西加座南区画からは建物が見られなくなる。また，全体的に方格地割東部の東加座地区の区画は，区画道路沿いなど一部を除き，衰微がみられる。
　その一方で，方格地割地割西部の宮ノ前南区画の一画では建物の増加がみられ対照的な様相を示している。
　・天元四（981）年　寮の雑舎十三宇火災　（日本紀略）
　・万寿三（1026）年　斎宮所々損色文，大風，野火　（小右記）
　・長元四（1031）年　寮頭館の禿倉二宇焼失　（太神宮諸雑事記）
　・長歴元（1037）年　造伊勢斎宮使派遣　（類聚符宣抄）
　・長暦四（1040）年　蔵部司倉一宇焼失　（春記）
　・承保元（1074）年　殿屋破壊　（経信卿記）
　・承暦中（1077～81）年　大中臣氏による三箇院数十宇造進　（朝野群載）

(9)「内院」牛葉東区画の建物の消失　12世紀中葉～後半か？(Ⅲ－4期相当)

　「内院」牛葉東区画からも建物が無くなっていく段階である。現在鎌倉期の中心的な遺構は見つかっておらず，存続していたはずの斎宮がどのようなものであったのかはわかっていない。まだ発掘調査が行われていない牛葉東区画の南半には，何らかの施設が存続している可能性はある。
　・康治二（1143）年　寮二箇院造営　（本朝世紀）
　・天養元（1144）年　寮の内院神殿造営　（本朝世紀）
　・仁平三（1153）年　寮の内院殿舎，門，鳥居，築垣等造営（皇大神宮禰宜補任次第）
　・仁安二（1167）年　造伊勢斎宮寮内中院　（平安遺文）
　・文治三（1187）年　大中臣氏による造斎宮寮外院の成功　（類聚大補任）

　これらの中で，(1)～(5)については，方格地割の成立期やプランの検討の中で早くから指摘されてきた[注2]。これらはいわば方格地割の成立・発展とその頓挫の過程である。それに加えて，(6)から(8)にかけての変化も大きな画期と考えられる。承平三（933）年の斎宮の修造が，「内院」鍛冶山西区画の廃絶と「内院」再編成を意味するものであれば，それは方格地割に規定される斎宮全体の大きな変革につながった可能性が高い。引き続く(8)の段階には，西加座南区画や東部の東加座の区画群の衰退傾向がうかがわれ，排水的に不利な条件を抱える東部地区の放棄が進んだこともうかがわれる。

③ 斎宮と方格地割

一方，方格地割の西部に目を転じると，宮ノ前南区画の建物の増加と平行するように，ほぼ同時期に興味深い現象がみられる。方格地割北西部の上園地区・宮ノ前地区については，かつて拙稿で9世紀代にはこの部分に依然として古代伊勢道が通っており，成立期の方格地割には包摂されていなかったと考えている。現時点でも，やはり平安時代前期，9世紀に外周道路がさかのぼる証拠となる遺構は確認できていない。

では，現代まで地表面に道路として残されてきた上園・宮ノ前の外周道路はいつ成立するのだろうか。外周道路の側溝を確認した第101次調査や第113次調査・第116次調査では，これらの側溝を鎌倉時代の遺構として確認している。しかし一方，宮ノ前地区に西接する第8-4次・第59次調査で，この方格地割北西外周道路に平行する形で掘られたⅢ-1期頃に埋没する区画溝（SD0189）があり，間接的ながらこの方格地割北西部の外周道路の敷設も，平安時代中期から後期にかけて，斎宮跡土器編年の上ではⅡ-4期からⅢ-1期にかけてのものとみるのが，最も整合性があると考えられる。方

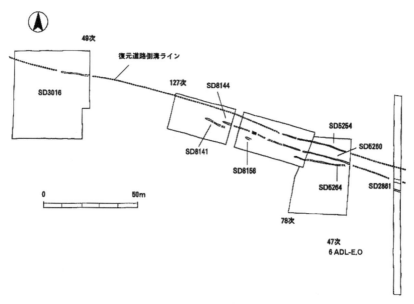

図37　方格地割北西部の古代伊勢道遺構

II. 発掘調査からみた斎宮の歴史的変遷

格地割北西部の囲い込みもまた，先述の (7) から (8) にかけての，「内院」の再構成や，東部の東加座地区や西加座地区の衰退と連動した，斎宮の大きな画期の中での事象であるとみることができるだろう。この区域の中央で実施した第127次調査では，斎宮跡土器編年III−1〜2期並行期まで，伊勢道に平行する溝を複数検出している。また，現代までこの調査区付近では伊勢道に沿った地割が残っており，このことからも上園・宮ノ前の北西4区画分の外周道路の成立は，方格地割の方形区画を増設するものでなく，西に2区画分の囲い込みを行うためのものだったのではないかと考えられる。これはIII−1期以降も，宮ノ前南区画の南東部以外では，目立った建物の増加がみられない事からもうかがわれる。東部の2区画分の範囲の衰退に伴い，西部の2区画分の囲い込みが時を近くして進行したことは，これらが同質・同等の機能を持ったものではないにせよ，当時の斎宮の「範囲」の意識の反映とも考えられ，興味深い事象といえる。

方格地割の画期と歴史的意義

以上，非常に雑駁ではあったが，平安時代斎宮の構造を規定した方格地割の変遷過程について，近年解明が進んだ方格地割の各区画内部の知見も加味して素描を試みた。特に従来注目されてきた方格地割造営期の画期（ここでは前節の (1)〜(5) の諸画期）に加えて，斎宮跡土器編年でII−4期からIII−1期にかけても斎宮全体におよぶ変革期を見ることができた。この画期を経たIII−1〜2期頃の方格地割の状況を整理したのが図38である。区画道路のうち，東西道路では北から2番目のものが，III期以降消失しているとみられる。また，最も南に面する道路についても，現在確認できていない。南北道路では，鍛冶山中・東区画間道路の南半分は遺構がみられない。また柳原・御館区画間の道路も消失していた可能性が高い。

その一方で，方格地割の外周道路，少なくとも北辺と西辺の道路については現代まで道路機能を維持しており，方格地割の範囲についての意識は強かったものとみられる（東辺はエンマ川により規定されている）。

III−1〜2期頃の方格地割の中で，建物が配され，区画としての機能を維持していたとみられるのは，「内院」牛葉東区画，「寮庁」柳原区画で，この他は御館区画の南半，下園東区画の東半，西加座北区画の北西部，西加座南

3 斎宮と方格地割

区画の南西部，東加座北①②区画の北辺道路沿い，東加座南①区画の南半と，（仮）宮ノ内南区画の南東部であり，いずれも方格地割の区画道路が何らかの形で残存していたとみられる近傍にあたる。このように方格地割の内部構造の形骸化進む状況と比較しても，逆に外周が維持存続されている状況は，斎宮の方格地割の歴史的意義を考えるうえで重要な要素であると考える。仁藤敦司氏は「地方官衙の構成原理は一般に機能分節（結節）型であり，都城に比較すれば面的・領域的な構造は弱い。「郭」と道路を結ぶ構造が基本で，「点と線」の構造として位置付けられ，面的な規格性は脆弱である。」とし，さらに「斎宮の「方格地割」においても境界意識は存在しても，内外を区分する可視的，物理的施設が存在しない点は重要である。」と指摘された[註3]。図38にみられるように10世紀後半から11世紀にかけての斎宮方格地割は，この指摘のとおり，「点と線」の構造が明確になっていく段階とも言える。

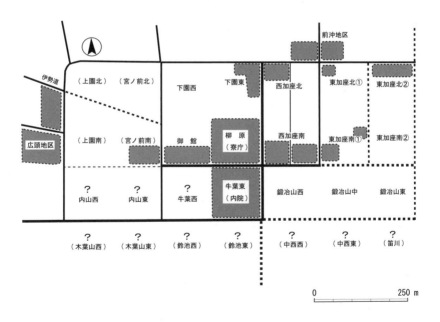

（図中の実線は道路が確実に残る部分、破線は明確でない部分。網掛け部分は建物の分布がみられる箇所）

図38　平安時代後期の方格地割の様相（Ⅲ−1〜2期）

Ⅱ．発掘調査からみた斎宮の歴史的変遷

　また，「方格地割成立期」や「拡充期」まで遡っても，方格地割内部の区画で，区画外周を囲郭するのは「内院」である鍛冶山西区画・牛葉東区画，八脚門を有する木葉山西区画，「神殿」西加座南区画のみである。他の区画では「寮庫」想定地の西加座北区画や下園東区画でも区画施設は見つかっていない。さらに方格地割外周においても，これまで大垣のような施設は痕跡も含めて確認されていない。斎宮はその外側の世界に対してオープンな印象が強いのである。それにも関わらずフレームに対して強い意識を持ち続けるのは，同時代の全国の国衙域や平安京の状況と比べても，斎宮の大きな特徴と言えるのではないだろうか。

　例えば「内院」鍛冶山西区画は斎宮跡土器編年Ⅱ－4期相当の段階で「内院」としての機能を喪失したあとも，建物等は一切設けられず，近世に蓮光寺が建立されるまで空閑地のままであったとみられる。西隣の牛葉東区画が同様に「内院」としての機能を終えたあとも，近世参宮街道に接した場所であったにも関わらず「野々宮」として残されてきた事も同様であろう。10世紀頃には衰退が進んだ東加座の各区画でも，建物はほとんど建てられなくなっていったにも関わらず，斎王の森（篠林地区）から東加座地区に続く方格地割北辺道路を継承した道路の内側では何ら造作されていない。下園地区でも同様である。

　斎宮方格地割は，造営当初は斎宮の諸施設を納めるフレームとしての機能と，地域に対してその都市的景観を強くアピールするものであったと考えられる。これが斎宮の衰退期に入ったあとは，当時の人々の意識の上で，斎宮の固有の領域を示すものとして受け止められていたのではないだろうか。方格地割内と周辺に現代に残る「御館」「楽殿」「丑寅」「花園」「馬渡」（あるいは「鍛冶山」「上園」「下園」も）といった地名はかつての斎宮の領域や施設を表わしたものであり，これもまた斎宮のフレームに対する強い拘りを表わすものであろう。

　平安時代の斎宮における方格地割の整備は，伊勢神宮との関係のうえに進められていたと考えられる。9世紀前半，延暦23（804）年に，「皇大神宮儀式帳」「止由気宮儀式帳」が神祇官を経て太政官に提出された。これは中央政府が神宮を掌握するためのものであり，斎宮方格地割の整備拡充の時期にもあたる。斎宮は伊勢神宮の権威を高める存在である一方で，神宮の領内

に設置された国の機関でもある。9世紀には斎宮寮長官が伊勢国司と兼務する事例も多い。斎宮は拡大を図り、さらに神郡の奥深く離宮院まで進出し挫折する。天長元（824）年の離宮院への移転と、承和3（839）年に多気のこの地を「常斎宮」としたことである。そしてその後の斎宮は衰退の中にあっても、多気に復したのちの斎宮のフレームを強く維持しようとした。この緊張こそが、全国の他の官衙とも異なる、斎宮方格地割の歴史的意義の根源ではないかと考える。

〔註〕
(1) 大川勝宏「斎宮方格地割の変遷・画期についての素描」『斎宮歴史博物館研究紀要24』 2015年
(2) 『斎宮跡発掘調査報告Ⅱ』斎宮歴史博物館 2014年
(3) 仁藤敦司「斎宮の特殊性と方格地割の性格」『斎宮歴史博物館研究紀要12』 2003年

（大川勝宏）

Ⅲ．斎宮跡の出土品と律令国家

1 斎宮と都の土器

　斎宮跡の発掘調査開始から46年が経過し，斎宮の歴史を裏付ける貴重な遺物も数多く出土している。平成21（2009）年7月10日には，斎宮跡出土品のうち2,661点が国の重要文化財（考古資料）に指定された。これは，とりもなおさず昭和45（1970）年から斎宮跡の解明のための調査研究が継続して行われてきたことへの評価でもある。指定された出土品は，遺物のごく一部でしかないが，飛鳥から鎌倉時代の斎宮の流れを示す考古資料としていずれも貴重なものである。今回の指定対象は，まだ実態の解明の進んでいない鎌倉時代以降は，将来の調査進展を待つこととし，平成17（2005）年度までの出土品となっている。今後も貴重な資料が出土することは間違いなく，逐次追加指定が行われる見込みである。

　指定された出土品は，斎宮跡が台地上に立地し，有機質あるいは金属質の資料が遺存しにくいという地理的環境，斎王の退下にともない斎王家に属する財産は都に持ち帰るという延喜式の規定により，「土器・陶磁器・土製品」が2,582点（97％）を占め，その他に木製品・石製品・金属製品・馬歯がある。

　本章では，重要文化財指定の有無にかかわらず，斎宮跡から出土した遺物から見える斎王制度の変遷と律令国家との関係を念頭において，その概略をみていきたい。

　斎宮存続期の中心をなす奈良時代から平安時代では，土器類の90％以上が土師器である。これは，須恵器や施釉陶器の出土量が少ないというより，供膳具である土師器の杯・皿類が多いことによる。土師器の用途から祭祀や直会（饗宴）などで，供膳され消耗される頻度が高かったと推定される。

　土器類の時期決定は，記年銘を有する木簡などの遺物が出土せず，困難を伴っている。このため，遺構・遺物の年代決定には，共伴する猿投窯・美濃窯などの須恵器・灰釉陶器・緑釉陶器や瀬戸窯・常滑窯・渥美窯の中世陶器，および平城宮・長岡宮・平安京などの都城遺跡の土器編年を参考に編年を行っている。

1. 土器編年の研究小史

　第50次調査までは，奈良時代を前半・後半の2時期，平安時代を初頭・

前半・中葉・後半・末期の5時期に編年してきた。資料の蓄積に伴い、これまでの編年基準に対して基準資料を提示し、その絶対年代を明確にすべく、昭和59（1984）年に「斎宮跡の土師器」（以下「1984」編年と記す）を公にした。この土器編年は、斎宮跡の土器編年の基準として今日まで有効性を保ち、県内の奈良・平安時代の編年基準とされた(註1)。

1984編年から15年が経過した平成12（2000）年度には、発掘調査も第131次を数え、第51次調査以降の調査の多くが史跡東部の方格地割内で実施されたことにより、奈良時代後期から平安時代後期の資料が飛躍的に増大し、かつ良好な一括資料にも恵まれ、1984編年を補足できる状況となっていた。

また、灰釉陶器の生産と流通をめぐる実年代の議論にも一応の終止符がうたれ、黒笹90号窯式を9世紀後半におき、灰釉陶器の終末を百代寺窯式の11世紀前半として認知されることとなった(註2)。また、藤澤良祐氏は、灰釉陶器に続く無釉の陶器である山茶碗の成立とその編年に論及し、11世紀中葉から15世紀前半に及ぶ瀬戸窯の山茶碗の変遷を明らかにされた(註3)。

一方、藤原宮・平城宮・長岡京・平安京等の都城遺跡の土器変遷の研究も進展し、「律令的土器様式」として評価される飛鳥Ⅳ期から平城宮Ⅲ期、製作手法の簡略化と省力化による量産志向がみられる平城宮Ⅳ期から長岡京期にあたる平城宮Ⅵ期を経て、多種多様な土器構成が出現する平安京Ⅰ期新から平安京Ⅱ期の律令的土器様式の終焉期までの変遷が辿れるようになってきている(註4)。

更に、斎宮跡周辺における土師器製作遺跡の調査も大きな進展をみせており、6世紀後半から生産が開始されていた北野遺跡では、7世紀後半に最盛期を迎え、8世紀後半には衰退し、土師器生産地を明和町蓑村・有爾中・明星地区の土器製作遺跡に移していることも明らかになりつつある(註5)。

こうした斎宮跡を取り巻く諸資料の増加、令外官として都城遺跡の一角を占める斎宮跡の土器変遷を、都城遺跡の編年を核として須恵器・灰釉陶器・緑釉陶器など生産地の動向も踏まえ、これまでの編年を集成・補足し、2000編年として提示した(註6)。

その後の調査の進展に伴い、土器編年資料も増加し、例えば（1）斎宮跡第Ⅰ期第3段階（以下Ⅰ-3期と記す）の基準資料SK6210とⅠ-4期のSE4580の間に位置づけられるSH9001の確認、（2）11世紀後半に比定されるⅢ-3期の時期に該当する基準資料としてSK9026・SK9028の一括資料、

III. 斎宮跡の出土品と律令国家

表1　斎宮跡土器編年表（『斎宮跡発掘調査報告Ⅰ』）

区分	年代	標識遺構	都城遺跡	美濃須衛窯	猿投窯
斎宮第Ⅰ期 第1段階		SB1615（第30次）	飛鳥Ⅳ	Ⅲ期 前／後	第Ⅲ期 第2小期（Ⅰ-17古）／（Ⅰ-17新）
	710	SK1255（第27次）			第3小期（Ⅰ-41）
斎宮第Ⅰ期 第2段階		SK5102（第70-1次）	平城Ⅰ／Ⅱ	Ⅳ期 700 第1小期 前／後	第4小期（C-2）
	730				
斎宮第Ⅰ期 第3段階		SK1098（第21-1次）	Ⅲ		第1小期（Ⅰ-25）
		SK6210（第88次）	Ⅳ	第2小期 前／後	第Ⅳ期 第2小期（NN-32）
	770				
斎宮第Ⅰ期 第4段階		SE4580（第69次）	Ⅴ		（O-10古）
	785			第3小期 前	第3小期（O-10新）
斎宮第Ⅱ期 第1段階		SK6030（第86次）	平安京Ⅰ中／Ⅵ	期 800 後	第4小期（ⅠG-78）
		SK1445（第34次）	Ⅶ		
	820	SK5200（第77次） SK1045（第20次）	Ⅰ新	第1小期 前	第Ⅴ期 第1小期（K-14②）
斎宮第Ⅱ期 第2段階				後	（K-90①）
	850	SK7430（第109次） SK2650（第44次）	Ⅱ古	Ⅴ期	
					第2小期（K-90②）
斎宮第Ⅱ期 第3段階			Ⅱ中	第2小期	
					（K-90③）
	900	SX6666（第95次） SK7030（第103次） SK7040（第103次） SE4050中層（第61次）	Ⅱ新		（O-53①）
斎宮第Ⅱ期 第4段階					第Ⅵ期 第1小期（O-53②）
	950		Ⅲ	950	第2小期（H-72）
斎宮第Ⅲ期 第1段階	1000	SE4050上層（第61次） SE2000（第31-4次）			第3小期（百代寺①）
斎宮第Ⅲ期 第2段階		SK1730（第32次）	Ⅳ		（百代寺②）
	1050	SK1074（第20次）			
		SD3052（第50次）			第Ⅶ期 第1小期（古）／（新）
斎宮第Ⅲ期 第3段階			Ⅴ		
	1100		Ⅵ		
鎌倉			Ⅶ		
	1333				

(3) Ⅲ-3期の基準資料としてきたSD3052を新たに斎宮跡第Ⅳ期として位置付ける必要性が生じるなど斎宮跡土器編年の課題も提起されている(註7)。

本書では、これらの提言を踏まえつつ、今後の調査研究の進展と議論に期待するとともに、鎌倉時代以降の斎宮の実像が明確にされていない状況もあり、鎌倉時代以降の土器編年は、藤澤良祐氏の瀬戸窯における山茶碗の編年、伊藤裕偉氏の南勢地域の土師器編年を基準に考えていきたい(註8)。

2. 斎宮跡出土土器の特性

斎王制度は、斎王の伊勢群行が確認できる天武天皇3（674）年の大来皇女から後醍醐天皇の元弘3（正慶2、1333）年の祥子内親王までの約660年間存続したとされる。飛鳥・奈良時代の斎王制度は、揺籃期で斎王の発遣も不規則であったとみられ、斎王の宮殿跡の所在も史跡西部にその可能性が認められるものの、未だ未確定である。

斎宮跡が一つの大きな画期をむかえるのは、8世紀後半における方格地割造営の時期であり、それは現在の斎宮研究から光仁・桓武朝に求めることができ、その一点を光仁朝における『続日本紀』宝亀2（771）年11月18日条による「遣鍛冶正従五位下気太王造斎宮於伊勢国」におくと考えている。また、桓武朝の延暦4（785）年4月23日条による「従五位上紀朝臣作良為造斎宮長官」も斎宮整備の大きな画期と捉えられる。

一方、土器の変遷は必ずしも歴史的な画期と軌を一にしているとは限らず、土器変遷の大きな画期は、「律令的土器様式」の中で長岡京期に求めることができる。

斎宮跡第Ⅰ期は、都城遺跡の編年では「律令的土器様式」の成立する段階であり、飛鳥・藤原京の編年で「飛鳥Ⅳ」とそれに続く「飛鳥Ⅴ」「平城宮Ⅰ～Ⅴ」に該当する。古墳時代以降の土器様式の流れの中で、土師器杯G、須恵器杯Hが消失するなかで土師器・須恵器ともに杯A・杯Bが成立し、規格化と土師器におけるヘラミガキ、暗文をもつ律令的土器様式が出現する。

斎宮跡第Ⅱ期は、土師器の供膳具において、定型化した新しいタイプの杯・皿・椀の出現とその組合せの確立、調整手法のb手法（底部ヘラケズリ、口縁部ヨコナデ）・c手法（底部から口縁部外面ヘラケズリ）からe手法（底部ナデ、口縁部ヨコナデ）への変化、量産化をもって第Ⅰ期と第Ⅱ期の画期と

Ⅲ. 斎宮跡の出土品と律令国家

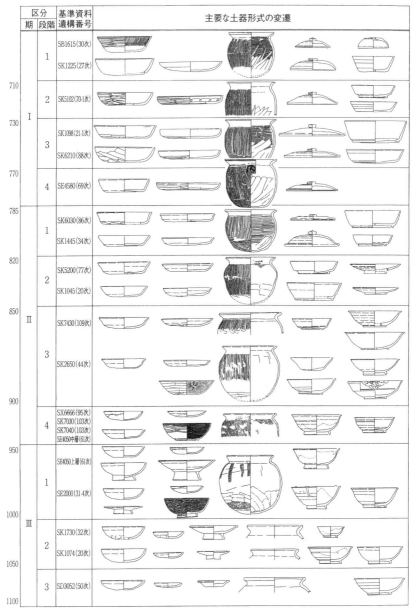

図1 編年基準資料からみた斎宮跡の土器変遷（1/10『斎宮跡発掘資料選Ⅱ』）

[1] 斎宮と都の土器

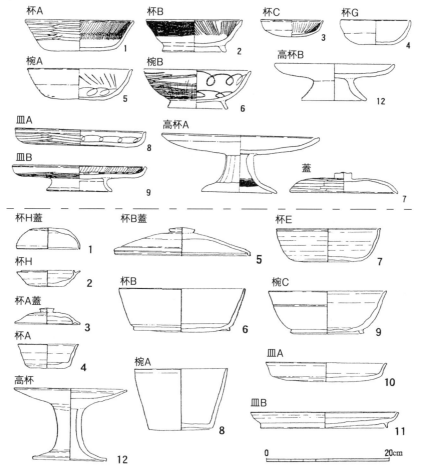

図2　斎宮跡の供膳具（1/6　土師器（上段）・須恵器（下段），『斎宮跡発掘調査報告Ⅰ』抜粋）

し，これらのセットの崩壊，ロクロ土師器の出現をもって第Ⅲ期との画期とする。この間土師器杯・皿・椀は同一器種内での法量の変化が顕著に認められ，法量の縮小化，器壁の薄手化という変化を辿ることができる。

　斎宮跡第Ⅱ期は，桓武朝の長岡京遷都から村上朝までの約170年間で，斎宮寮としての機能が，ハード，ソフト両面から最も整備された，言わば爛熟期に相当する。斎宮跡第Ⅲ期は，奈良時代から続く律令的土器様式の土器組

157

Ⅲ. 斎宮跡の出土品と律令国家

成が大きく変わる時期である。土師器では，前代から続く杯・椀は区分することが困難となり，灰釉陶器などの椀を模倣したものや新たにロクロ土師器が出現する。

　斎宮跡出土土器の最も顕著な特徴は，出土土器の90％以上を土師器が占めることである。これは，須恵器・灰釉陶器などの器種が少ないというばかりでなく，土師器杯・皿の供膳具が量的に多いことによる。出土地点によって，供膳・煮沸・貯蔵具の割合は異なるが，内院外郭北辺部で検出したSK2650では，総破片数343,718点の99.58％を土師器が占め，かつ供膳具が99.32％の339,955点を数え，この土坑が内院で行われた祭祀あるいは直会（饗宴）に用いられた土器類が廃棄されたものと考えられている（表2）。

表2　SK2650出土土器構成表

種別	形態	破片数	比率
土師器	供膳	339,955	99.32%
	(ロクロ)	0	0.00%
	貯蔵	43	0.01%
	煮沸	250	0.07%
	その他	2,034	0.59%
	小計	342,282	99.58%
黒色土器		58	0.02%
須恵器	供膳	310	
	貯蔵	225	
	その他	100	
	小計	635	0.18%
灰釉陶器	供膳	436	
	貯蔵	44	
	その他	28	
	小計	508	0.15%
緑釉陶器	供膳	222	
	貯蔵	5	
	その他	4	
	小計	231	0.07%
製塩土器		3	0.00%
土錘		1	0.00%
総計		343,718	100%

表3　SK4050上層出土土器構成表

種別	形態	破片数	比率
土師器	供膳	3,965	58.93%
	(ロクロ)	77	1.14%
	貯蔵	33	0.49%
	煮沸	2,614	38.85%
	その他	39	0.58%
	小計	6,728	95.26%
黒色土器		24	0.34%
須恵器	供膳	12	
	貯蔵	90	
	その他	6	
	小計	108	1.53%
灰釉陶器	供膳	137	
	貯蔵	44	
	その他	2	
	小計	183	2.59%
緑釉陶器	供膳	20	
	その他	0	
	小計	20	0.28%
製塩土器		0	0.00%
土錘		0	0.00%
総計		7,063	100%

西加座北区画の SE4050 は，斎宮跡Ⅲ−1 期に埋没した井戸であるが，その上層で確認した総破片数 7,063 点の 95.26％が土師器であり，供膳具は 58.93％の 3,965 点をしめる。内院地区から離れた場所では，煮沸具の割合も 38.85％と増え，Ⅲ期ともなれば灰釉陶器の出現率も多くなる（表 3）。

　斎宮跡出土の土器に土師器の占める割合が高いことは，『延喜式　第五斎宮』記載の年料・月料・祭料を分析した倉田直純氏によれば，総数 22,400 個体のうち土師器が 19,104 個体（85.3％），須恵器が 924 個体（4.1％）であり，土師器・須恵器とも判別しがたいものが 2,363 個体（10.5％）を占めるとし，仮にどちらとも判断し難いものをすべて土師器に含めた場合は土師器 95.8％となり，逆にすべてを須恵器に含めた場合は須恵器が 14.7％となる。いずれにせよ須恵器の占める割合が調査実態よりも高いものの，土師器が圧倒的に多いという実態とよく一致する。

　また，延喜斎宮式に記載の土器・陶器の実態は，Ⅱ−1 期にあると推定する。延喜式記載の土器類は，現在の考古学上の呼称とは異なるわけであるが，延喜式記載の土器類との対比を行い，最も多い枚片坏 7,100 口は土師器・須恵器杯 A，片盤(かたさら) 4,770 口を土師器・須恵器皿 A，窪坏(くぼ) 4,515 口を小型の土師器椀 A か杯 G，あるいは須恵器杯 A，鋺(もひがた) 2,366 口の 4 種が当時の基本的食器構成であるとする(註9)。

　畿内およびその周辺では，統一された器形と法量で生産された土器を特徴とする律令的土器様式とよばれる形態が流布する。斎宮跡でも，奈良時代にあたるⅠ期から 9 世紀中頃のⅡ−2 期まで，土師器の杯に内面をヘラミガキし，暗文を表出した土器が存在し，畿内の土器生産の直接的な影響をみることができる。しかし，技術的な影響は受けてはいるものの土器そのものが搬入されているわけではない。都城の土器として，器形・胎土・調整から都から持ち込まれた土器は極めて少なく，斎宮跡では形態・製作技術の伝播をうけ，在地で生産されたと考えられる。

三彩陶器

　斎宮跡出土土器のもう一つの大きな特徴は，三彩陶器，緑釉陶器，貿易陶磁など当時都城遺跡など限られたところにしか流通していなかった希少な優品が出土することにある。その背景には，斎宮が律令国家体制に組み入れられて機能していたことを示している。

III. 斎宮跡の出土品と律令国家

　三彩陶器は，白・緑・褐色などの釉薬をかけた陶器で，中国の唐三彩を源流とし，遣唐使によって製品と技術が招来され，我が国でも奈良三彩とよばれる三彩陶器が生産される。国内で三彩陶器が出土する遺跡は，宮跡・官衙・寺院跡・墳墓・祭祀遺跡など限られた遺跡でしか出土していない。斎宮跡からは，奈良時代の斎宮が所在したと推定される史跡西部の2か所で出土している。第30次調査では，球形の体部と高台をもつ短頸壺の一部と考えられる細片が4点と蓋の破片，第71次調査でも土坑から小型の壺（1）の底部片が出土している。

緑釉陶器
　緑釉陶器は，珪酸鉛を主成分とする釉薬に緑色を発色させるため銅の化合物を加え，800〜850度程度の比較的低い温度で焼成された鉛釉陶器の一種で，高い温度で焼かれる灰釉陶器と対置される。緑釉陶器の技術は，大陸から三彩陶器の製作技術が入ってくる8世紀前半以前の7世紀後半には伝来されているが，この時期の緑釉陶器は陶棺や塼などの限られた製品だけがつくられる特殊なものであった。三彩陶器がつくられなくなった8世紀末から11世紀前半にかけて生産され，斎宮跡では破片数である約7,200点が全国でも突出して出土する。緑釉陶器は，長岡京造営期にあたる8世紀末頃に生産がはじまり，初期緑釉陶器（緑釉単彩陶器）と呼称される緑釉陶器があり，この時期の緑釉陶器として高杯（2），火舎（20）があり，三重県内では斎宮跡から出土しているのみである。

　9世紀には，緑釉陶器の生産は本格的になり，都城をはじめ地方の国衙などへの流通も拡大する。前半には京都産に猿投窯の製品も加わるが，その出土数は多くはなく，鍛冶山西区画などの中枢部からの出土にとどまる。9世紀後半には，東濃，近江，愛知県豊橋市の二川窯でも生産されるようになり，斎宮跡での出土地点も広がり，蓋（3〜6），椀（7〜11・17），稜椀（15・16），皿（13・14），耳皿（12），三足盤（19），香炉（18），唾壺（21），大型鉢（25），瓶（23），把手付瓶（22），壺（24）などがあり，草花文・蓮華文を陰刻した緑釉陶器が約200点出土し，10世紀前半には消滅する。

　緑釉陶器は，供膳具として使用される椀・皿類の器形が多く生産されたが，内院西側の第109次調査区の土坑からは唾壺（21），内院東側の第98次調査区から把手付瓶（22），牛葉東区画から陶枕の破片6点などの優品もあ

1 斎宮と都の土器

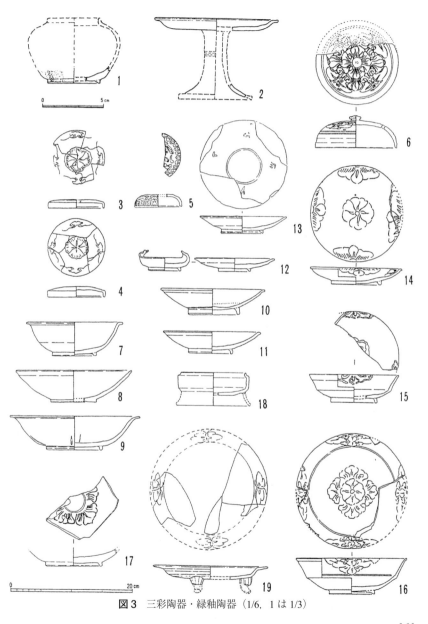

図3 三彩陶器・緑釉陶器 (1/6, 1は1/3)

III. 斎宮跡の出土品と律令国家

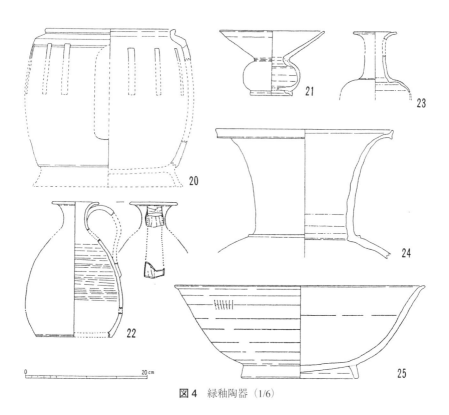

図4　緑釉陶器（1/6）

り，いずれも方格地割中枢部から出土している。特に内院想定地のSK2650（第44次調査）からは，濃い緑色の釉薬で草花文を描いた緑釉緑彩と呼ばれる緑釉陶器（17）をはじめ，体部に稜のつく稜椀（15・16），皿の内面に繊細な線で描かれた陰刻花文が出土しており，緑釉陶器の多くが斎宮中枢部で使用されたことを窺わせる。斎宮跡から出土する緑釉陶器は，猿投窯の製品が多く，緒国から納められる調庸の一つである。

貿易陶磁

　中国陶磁器は，「海のシルクロード」にそって，広くアジアから中近東，アフリカ東海岸にかけて貿易品として流通した。わが国では，大宰府・鴻臚館跡・平安京以外では出土が極めて少なかったにもかかわらず，斎宮跡での

[1] 斎宮と都の土器

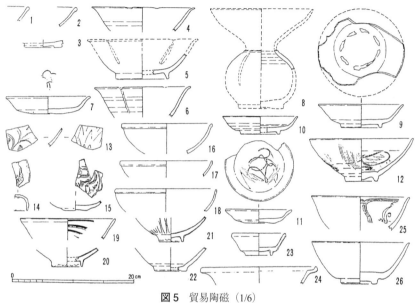

図5 貿易陶磁 (1/6)
白磁碗 (1～3), 越州窯系青磁 (4～10), 同安窯系青磁 (11～12), 白磁 (13～18),
初期高麗青磁 (19～22), 龍泉窯系青磁 (23～26)

出土は際立っている。初期貿易陶磁といわれる9世紀後半から11世紀前半までの青磁・白磁が知られる。

越州窯系青磁 (4～10) には, 薄く精良な素地に均質な釉薬が施された輪花椀 (4・5) のほか, 唾壺 (8) がある一方, やや粗製な製品 (6～10) もある。時期的には, 9世紀後半の斎宮Ⅱ-3期まで遡る。

大宰府で白磁Ⅰ類に分類される椀 (1～3) は, 斎宮跡Ⅱ-4期の10世紀前半に位置づけられ, 牛葉東区画などの内院を中心に出土している。

11世紀後半以降には, 貿易陶磁の出土量は増加し, 白磁碗 (13～18), 同安窯系青磁 (11・12) や龍泉窯系青磁 (23～26) も加わり, 初期高麗青磁の椀類 (19～22) も出土している[註10]。

III. 斎宮跡の出土品と律令国家

図6 硯 (1/6)

硯

　斎宮をはじめ古代の官衙では，文書類の作成が不可欠であり，それぞれの役所で各種の陶硯が用いられ，中世には石硯も出現する。斎宮跡からは，約160点の硯が出土し，須恵器の杯・蓋・甕片を再利用した転用硯も多数出土している。

　斎宮跡発見の端緒となった蹄脚硯（1），羊形硯（2）・鳥形硯（3）は，都城以外での出土がまれであるが，史跡西部で出土する。奈良時代の硯であり，これらは，飛鳥・奈良前期の斎宮が史跡西部に置かれていたことを裏付ける。

　奈良時代後期から平安時代の硯は，史跡東部の方格地割内の各所で出土しており，斎宮寮の各司で日常的に文書作成が行われていたことを示唆する。調査の多寡にもよるが，牛葉東区画，鍛冶山西区画，西加座北区画，西加座南区画での出土が多く，殊に牛葉東区画からは約70点の出土があり，出土点数の43％を占めている。逆に区画内の調査進捗率が高く，「寮庁」と推定されている柳原区画からの出土が少なく，当該区画が儀礼的空間であったことに起因していると指摘される [註11]。

　陶硯の実用的で最も一般的な形態である円面硯は約120点が出土しており，硯面の直径24.6 cmの大型の硯（4）から直径4.2 cmの小型の硯（8）まであるが，大型の硯は少ない。脚部の形状も長方形透かし（4〜8），十字透かしとヘラ描きを組み合わせたもの（10・11），ヘラ描きのもの（12〜16）など各種のものがある。

　平安時代には，鍛冶山西区画を中心に方格地割の東半分に分布がみられる風字硯（19〜22）は26点出土している。Ⅱ-4期では，同区画では円面硯はみられなく，風字硯のみの出土となり，この時期以降顕著となる平仮名墨書土器との関係も考えられる。風字硯には，須恵器，灰釉陶器（20），緑釉陶器（19），黒色土器（21）がある。

　猿面硯（17・18）と呼称される硯は10点の出土があり，背面に「吉」が線刻される硯（18）は，背面に刀子状の工具で臍穴が穿たれ，木製の脚を挿入して使われたと推定できる。猿面硯には，当初から硯としての使用を目的として製作されたものと，須恵器甕を転用したものがあり，硯面には，スタンプによる同心円で青海波文が表現される。

② 斎宮跡の墨書土器

　斎宮跡は，標高 9～14 m の台地上に位置し，表土層下にわずかな粘土層が堆積するもののその下層は砂礫層となり，木簡などの有機質の保存には適しておらず，わずかな木製品を除いて木簡や漆紙文書などは出土していない。

　しかしながら，土器に記された墨書あるいは刻書（ヘラ書き）された文字資料（以下，ヘラ書きの文字資料は（ヘラ）と記す）が少なからず出土しており，斎宮跡解明の重要な資料となっている。墨書土器などにみられる墨書は，平仮名墨書をのぞいて，一文字から数文字程度のものであり，その意味するところは断片的であるが，官司名・吉祥文字・個人名，および人面・絵画・記号と推定される。

　墨書・刻書のいずれにおいても，文字が記された時期は使用時と考えられ，ごく一部には土器焼成前ともみられる遺物もある。墨書される場所は，基本的に底部外面が大半を占め，平城宮例のように体部側面に記される例はきわ

図7　官司名墨書土器分布図（『明和町史』追加・修正）

② 斎宮跡の墨書土器

めて少ない。このことは，土器が逆さまにして，1個あるいは積み重ねられて置かれていたことを物語っている。

1. 官司名土器

　斎宮は，斎王に従う女官と斎宮の事務を担当する斎宮寮で構成されている。女官には，初斎院・野宮・群行・斎宮の段階で多少の員数に差異がある。斎宮では，命婦1人・乳母3人・女孺39人・御厠人2人・御洗2人・女丁10人で構成されていた。一方，斎宮寮には，主神司・舎人司・蔵部司・膳部司・炊部司・酒部司・水部司・殿部司・采女司・薬部司・掃部司・馬部司・門部司の13司が知られている。ただ，寮と司の関係は，主神司が延暦19（800）年11月3日に「それまで管轄するところがなかったので，以後は神祇官の官攝する司とする」，あるいは兵部省の所管と考えられる馬部司・門部司は『類聚三代格』の神亀5（728）年7月21日の勅には両司の記載がないなど中央の二官八省との関係も強い。

　斎宮寮は，頭1人，助1人，大允1人，少允1人，大属1人，少属1人および使部10人で構成される。ちなみに斎宮寮頭の従五位官は，伊勢国司と同等の位階をもつ官職である。

　斎宮跡からは，奈良時代から鎌倉時代にわたる墨書土器が認められるが，ここでは平安時代までの斎宮寮と関わると考えられる墨書土器をみておきたい。官司名墨書土器の大半は，方格地割内で出土しているが，「水司鴨三」（ヘラ）「蔵長」「蔵」「薬」が宮の前北区画，「厨」が宮の前南区画の西側，「水司鴨□」（ヘラ）が西加座区画の北側で出土している。従って，官司名を記した墨書土器の出土が，直ちにその空間で所在したと官司を示すとは言い難い。土器の移動は，想定せざるを得ないが，官司名の墨書土器は，調査も進展している鍛冶山西・西加座北・西加座南区画および東加座地区で多く出土している。

　奈良時代では，西加座南区画で「府」（5），東加座北①区画で「水司」（3），東加座南②区画で「酒」（4）「炊」（13）が出土し，平安時代には鍛冶山西・中区画で「膳」（9・10）2点・「鴨」，西加座南区画で「目代」（7）「小允殿」（6）「寮□」（18）「大炊」（12），西加座北区画で「水部」「厨」，東加座北①区画で「殿司」（ヘラ，15）「駅」などが出土している。

　方格地割の各区画は，斎宮存続時期を通して，必ずしも継続して特定の司

167

III. 斎宮跡の出土品と律令国家

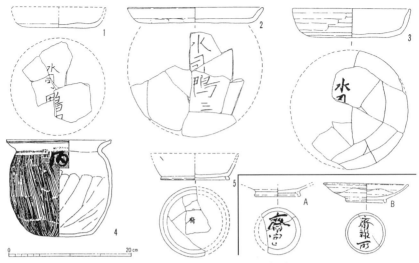

図8 官司名墨書・刻書土器（1/6）
（参考「斎宮」(A)「斎雑書」墨書土器 (B)（1/6））

が置かれたわけではないことは，平安時代初期には西加座北区画に「寮庫」，西加座南区画に「神殿」の存在を推定できるが，その前後の時期の機能は必ずしも明確でないことからも窺える。

ただ，少なくとも方格地割の北部から北東部にかけて水と関係の深い墨書が出土しており，この地区が方格地割のなかでも最も低い場所にあたることから考えて，水に関わる「水部司」「酒部司」「殿部司」などの官司の置かれた可能性がある。

また，「殿」(ヘラ)「殿司」「殿部」の墨書土器の出土から，殿部司が国家機構の主殿寮に准じ，灯油の管理を所管していたことを推定し，これらの墨書が東加座区画などから出土していることから当該地に殿部司の管理施設があった可能性を指摘する[註12]。

一方，斎宮の存在を裏付ける墨書土器が，平安京右京三条二坊一六町の貴族邸宅跡から出土している。邸宅跡からは，園地遺構や石敷，これらを取り囲むように整然と配置された大型掘立柱建物群・井戸および小規模な雑舎などが確認された。この園地遺構から900年前後の「齋宮」(A)「齋雑所」(B)「齋舎所」と底部外面に墨書された灰釉陶器椀が出土した。邸宅跡は，伊勢斎王の御殿として整備された斎王家であったと推定されている[註13]。

2 斎宮跡の墨書土器

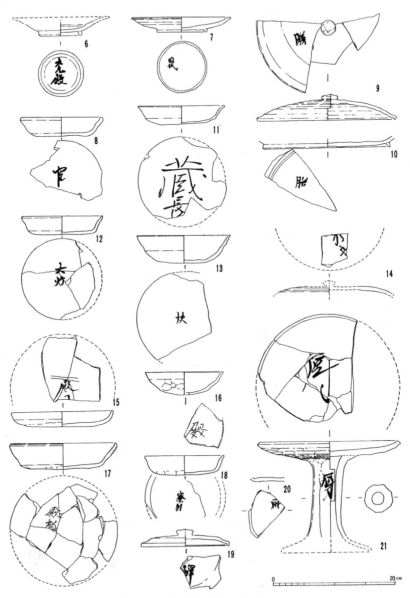

図9　官司名墨書・刻書土器（1/6）

III. 斎宮跡の出土品と律令国家

2. 平仮名墨書土器

　斎宮跡からは，漢字などの墨書土器以外にも，平仮名で記された墨書土器が約85点以上出土している。平仮名は，8世紀末の正倉院文書には字形や筆順の上で平安時代の平仮名と通じる草体化した借字（草仮名）が記され，9世紀後半には宇多天皇辰韓『周易抄』では，訓註に草仮名，傍訓に片仮名を使い分け，この頃から平仮名が独立した文字として意識されつつあった。平仮名が公的な文書に現れるのは醍醐天皇の勅撰和歌集『古今和歌集』が最初とされる。

　斎宮跡では，藤岡忠実氏が9世紀後半にあたるII-3期に「浪速津の歌」の習書を想定したもので[註14]，草仮名の「奈」が土師器皿の内外面に複数回書かれた墨書土器（1）が確認されている。平安京の藤原良相（813～867）邸宅跡の9世紀前半の井戸跡からも，檜扇と木簡に万葉仮名で手習い歌の「難波津」を示す「奈尓波」の墨書が出土しており，9世紀後半には地方に仮名文字が伝わったことが窺われる。

　10世紀前半に当たるII-4期には，平仮名墨書土器は，鍛冶山西区画を中心に出土し（1～7），土師器の内外面に方向を揃えて定型化した平仮名が見られ，同じ文字を何度も重ね書きしたものもあり，習書と考えられる例が多い。

　11世紀後半のIII-3期から鎌倉時代初期には，斎宮で最も多くの平仮名墨書土器が，牛葉東区画を中心に出土する（8～21）。筆跡は，太くはっきりしたものに加え，細く繊細なものが増え，連綿で書かれた墨書も確認できる。このなかには，土師器皿の内面に「ぬるをわか」外面に「つねなら」とはっきりと判読でき，「いろは歌」を平仮名で墨書している（8）[註15]。「いろは歌」を墨書した土器は，平安京の堀河院邸宅跡からもほぼ全文を墨書した1200年前後の土師器小皿が出土しているが，斎宮跡の「いろは歌」は，11世紀末から12世紀前半で墨書土器としては最古のものである。平仮名は，「女手」と言われ，宮中では主として女官が使う文字である。斎宮の場合も内院想定地から出土していることから，斎王に仕える女官などが習書したものと考えられる。なお，斎宮跡の「いろは歌」墨書については，「文字の流れに行成流の影響がみられる」とする所京子氏の指摘もある[註16]。

② 斎宮跡の墨書土器

図10 平仮名墨書土器（1/6）
鍛冶山西区画（1～7），牛葉東区画（8～21）

3. 絵画土器

　草花や鳥など具象的なものを意識して墨書・刻書された土器が5点ほど出土している。墨書されたもの（1～3），刻書されたもの（4・5）がある。（1・2）はⅡ-4期，（4・5）はⅡ-3期，（3）はⅢ-3期とされる。

　（1）は，溝から出土した土師器の杯の底部外面に水鳥1羽が描かれ，その右や下にも背景か墨書がみられる。（2）は，土坑から出土した土師器の皿の底部外面に，抽象的なもので草花を描いたともみられるが，呪術的なものの可能性もある。（3）は，包含層から出土した土師器の小皿の底部内面に水鳥2羽の足や羽根の細部までを細かい線で描き，写実的である。

　（4）は，土坑から出土した土師器の杯か椀の底部内面に，土器焼成後に鳥と花文を陰刻している。（5）は，灰釉陶器段皿の内面の一方に，鹿か馬と鳥を躍動的に陰刻している。

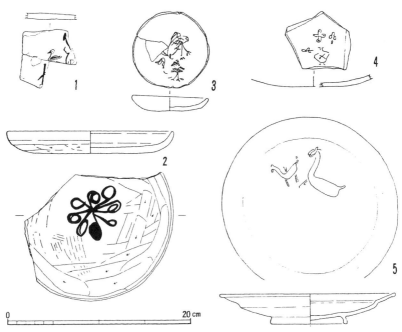

図11 絵画土器（1/4）

3 斎宮の祭祀

　斎王制度が存続した飛鳥時代から鎌倉時代のうち，斎王制度が安定した状況におかれた平安時代は，律令国家体制の後半期にあたる。律令制そのものは，中国の隨・唐で編纂された律令を導入したものあるが，我が国の実情に即して修整された。国家が規定する祭祀は，王権の擁護と服従儀礼を骨格として，五穀豊穣・国家安寧を祈願するもので，我が国で伝承されてきた自然崇拝に基盤をおく神道，大陸で民間信仰としても発展してきた道教・神仙信仰などで構成され，6世紀に伝来された仏教の鎮護国家とは趣を異にする。

　制度としては，飛鳥時代の祀官，浄御原令の神官を経て，弘仁格式で定められた神祇官制度として定着した。その内容は，延喜式に纏められた神祇祭式が宮廷および律令国家で斎行されたと考えられ，律令的祭祀あるいは宮廷祭祀と呼称される。

　斎宮で執り行われた祭祀は，『延喜式　巻五　斎宮』において，初斎院・野宮・群行・斎宮で行われる祭祀についてその祭料を明示している。その項目は，斎宮祈年祭・三時祭・新嘗祭・毎月晦日卜庭祭・十月晦日祓・諸司春（秋）祭等である。ここでは，斎王が伊勢の地において行ったと考えられる祭祀について，発掘調査から得られた知見を基礎として考察する。

1. 埋納遺構

　斎宮跡で埋納遺構と考えられる遺構には，井戸・土坑があり，出土遺物からその一端が窺われるが，古墳周溝で行われたとみられる須恵器長頸壺などの埋納，あるいは土坑内に土師器などが埋納されるが，その性格が明瞭でないものについては今回は対象から除外した。

SX8310

　斎宮寮の寮庫と推定される西加座北区画で確認された一辺約 0.37 m，深さ 0.25 m の隅丸方形の小土坑である。土坑内に須恵器蓋（1）がかぶせられた直径約 20 cm の須恵器杯B（2）が埋納されていた。杯内部は密閉されていたため内部は空洞になっていて，薄く泥が堆積し，和同開珎 4 枚が裏返して納められていた。この小土坑は，Ⅱ-4期に属する東西 3 間×南北 2 間の掘立柱建物SB8309の柱穴と重複し，この建物より古くⅡ-2期と判断される。

Ⅲ．斎宮跡の出土品と律令国家

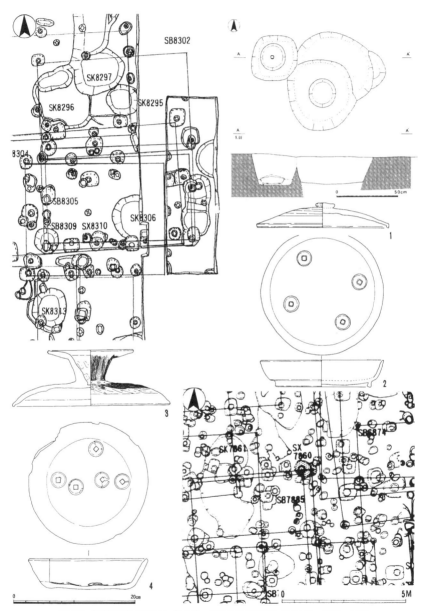

図 12　埋納遺構 SX8310 (1/30)・SX7860 遺構図 (1/150)　遺物 (1/6)

③ 斎宮の祭祀

　この区画内では，Ⅱ-1期以降，Ⅲ-1期まで大型の掘立柱建物をふくむ建物が継続して建替えられており，SX8310が埋納された時期には5間×2間の東西建物で構成される「寮庫」が規則的に配置されていた。このことから，SB8310は，当該地区あるいは建物の安泰を祈るために銭貨などが埋納され，地鎮祭祀が行われたと推定される。

SX7860
　宮ノ前南区画東南部で確認された土坑であり，Ⅰ-3期に属するSB7880の北面庇東端の柱掘形およびⅡ-2期に属するSB7885の北東隅柱の柱掘形が重複する柱掘形上面で検出された土坑である。土師器杯（4）の底部内面に和同開珎5枚が裏向きに納められ，倒立した土師器高杯（3）の杯部がかぶさる状態で確認された。和同開珎には，繊維の付着物が認められ，布を敷くなり，あるいは袋状のものに入れられて杯に納められたと考えられる。なお，この杯の外面底部にはヘラ描きの記号「丁」があるが，「丁」と判読することも可能である。

SX6666
　宮ノ前南区画東南部で確認された約1.5m×1.0mの土坑内に銅銭を納めた土師器壺（13）を土師器杯（12）で蓋をしたものが横倒しになり，周辺に同形の土師器杯（1～11）が11個ほどおかれていた。壺は，肩部に焼成後の穿孔がある。銅銭（14～17）は，21枚まで確認できたが，腐食が著しく，うち4枚が皇朝銭「延喜通寶」（907年初鋳）と判読できる。残りの2枚がやや大振りなのを除きほぼ同一の大きさであり，大多数が「延喜通寶」とみられる。

　SX6666は，Ⅲ-1～2期の溝SD0244に上部が削平されているが，その前後には掘立柱建物が継続して建てられている。ただ，同時期の建物などの遺構の存在が確認されず，また，壺内に白色物が認められたことから，地鎮遺構と考えるよりは，胞衣壺などの可能性も考えられる。

SX6900
　SX6666と同じく宮ノ前南区画東南部で確認された0.4m×0.36mの柱穴状の土坑で，底部に土師器壺（22）を正置し，その上に土師器杯（18～21）が4枚以上埋納されていた。壺内には「延喜通寶」（23）約9枚と白色物が

III. 斎宮跡の出土品と律令国家

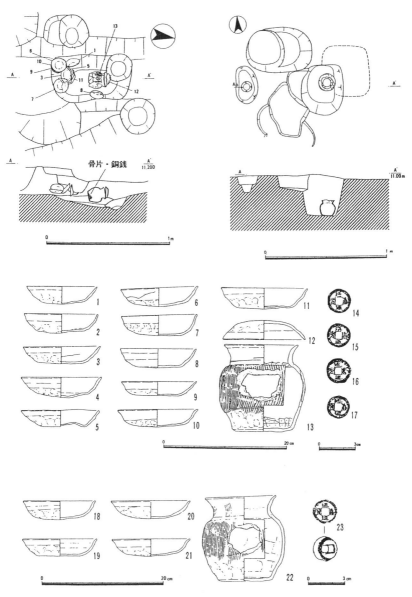

図13　埋蔵遺構 SX6666・SX6900　遺構（1/30）　遺物（土器；1/6，銭貨；1/3）

176

底部に見られ，その上に焼成されていない径約3cmの白色粘土玉2個が入っていた。SX6666とほぼ同じ内容を持ち，土器の型式からもほぼ同時期のものである。「遺構の性格については，墓の可能性がまず考えられるが，胞衣壺や地鎮に関わる祭祀遺構の可能性も残されている。」と報告される[註17]。

SX6666およびSX6900は，ほぼ同様な内容をもつ埋納遺構で，埋納容器として用いられる土師器壺は，斎宮跡では類例のない形式であり，この埋納のために製作されたものと考えられる。また，埋納物の科学的な分析が行われていないので明確ではないが，胞衣壺の可能性も否定できない。

地鎮に関わる律令的祭祀については，考古学的には必ずしも明らかにされているとは言い難いが，森郁夫氏は，近年の研究において地鎮供養に欠くことのできないものとして，壺などの容器類・玉類・古銭のいずれかの出土を示唆されている[註18]。

土地に関わる祭祀には，「鎮土公祭」があり，その祭料は『延喜臨時祭式』に挙げられるが，玉類や銭貨の記載はない。

『延喜式巻第三臨時祭』の第9条に

鎮土公祭
　絹一丈，五色の薄絁各四尺，倭文四尺，木綿一斤，麻一斤，鍬二口，布一端，庸布二段，米五升，酒五升，鮭・鰹魚各三斤，海藻三斤，膩二斤，塩二升，盆一口，坏四口，匏一柄，槲十把，食薦一枚[註19]。

とあり，土公神（ドクジン）は，「和名抄に「土公春三月在竈，夏三月在門，秋三月在井，冬三月在庭」とあり，古代中国において意識されていた神格であったが，日本でも陰陽道が発達するなかで，その祭儀が執り行われるようになったとされる。

しかし，祭料には玉類や銭貨の記載はなく，祭料に銭貨がみられるのは，斎宮式の場合では第40条「五月節」および第41条「七月節」に「口味直銭（数は時価に随え。已上は供料）」のみである。

一方，陰陽道の祭祀される土公祭が神祇式のなかに明確に位置づけられていることは注目に値する。土地造成，建物造営・井戸開鑿に伴う大地への造作に当たって，土地神の鎮祭を行ったのであろう。その際，陰陽師の関与も考えられるとされる。

延喜式で祭料に銭貨を挙げる祭のうち，内裏を流れる溝水の祭祀である「御

III. 斎宮跡の出土品と律令国家

川水祭」の銭八十文（四時祭），銭八百文（臨時祭）や，罪穢や災厄を祓う「御贖際の銭一百文」などの記事は，平城宮内の東大溝などから出土する銭貨との関わりが推測される。地鎮に貨幣が用いられるのは，河原寺の塔心礎版築にあたり無文銀銭が埋納された事例，藤原京大極殿の南面西回廊に透明水晶の原石と9枚の冨本銭が平瓶に納められた事例を初期の事例とし，平城京八条一坊一四坪SX1400では，小穴内に直径10cmほどの土師器小皿4枚を雑然と埋納し，土器の内外に和同開珎32枚以上，ガラス小玉，金箔を供えたものである[註20]。

2. 斎宮跡の井戸

斎宮跡では，これまで史跡全域で約180基の井戸跡が確認されているが，飛鳥・奈良時代から平安時代の井戸跡は約80基で，史跡の東部に多く認められる。Ⅰ-3期になって数基が確認され，方格地割の造営期にあたるⅠ-4期では，史跡東部で多く確認されるようになる。この傾向は，平安前期まで認められるが，平安後期になると史跡中央部へ分散していく。このことは，Ⅰ-4期に造営された方格地割と内院などの中枢部の建物変遷がⅢ期以降不明瞭となることとも密接に関係していると考えられる。

SE3260

東加座北①区画で確認されたⅡ-2期に埋没したと考えられる井戸である。井戸は，直径約90cm，高さ約70cmの刳り抜き井戸枠を据える。この区画では，井戸存続時期に東西棟の5間×2間の掘立柱建物を主殿とする建物配置が認められ，官衙的な施設と考えられる。また同区画から出土した「水司」「殿司」の墨書土器から殿部あるいは，水部・酒部・炊部など水に関わる司が想定される地区でもある。

井戸底から，小型銅製儀鏡（1），石製蛇尾（2），須恵器小型托（3）が出土した。小型銅製儀鏡と石製蛇尾の井戸へ埋納の時期は明確にし難いが，井戸底からの出土を考えれば，埋没時とするよりも井戸開鑿時あるいは井戸使用時に奉納されたものと解される。

SE4050

西加座北区画の中央部で確認されたⅢ-1期に埋没したと考えられる井戸であるが，井戸内の層序はⅣ層に分層でき，最下層のⅣ層には黒笹14号窯

3 斎宮の祭祀

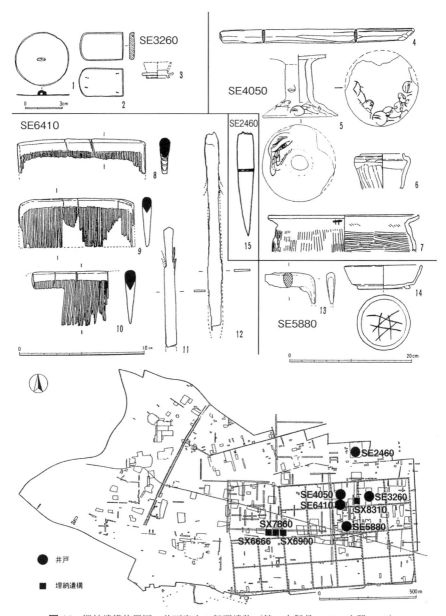

図14 埋納遺構位置図, 井戸出土の祭祀遺物 (鏡・木製品；1/3, 土器；1/6)

III. 斎宮跡の出土品と律令国家

式新段階から黒笹90号窯式古段階に相当する灰釉陶器が出土しており，井戸の開鑿時期をⅡ-2期に求めることができる。Ⅱ-2期の段階では，西加座地区には，5間×2間の東西棟の掘立柱建物が東西2列・南北4列に立ち並んでいた「寮庫」推定地区から，新しい区画機能に更新される時期である。

SE4050は，直径2.8～3.2mの円形素掘り井戸で，深さ4.8mで湧水層に達し，井戸底の絶対高は4.7mであった。最下層の第Ⅳ層から土師器高杯に描かれた人面墨書土器（5），土師器甕外面肩部の「井」墨書土器（7），土師器壺E（6），刀型木製品（4）が出土した。また，第Ⅲ層最下部から，馬齢4～5歳と推定される右上顎臼歯1本・右上下顎臼歯3本の馬歯が出土し，井戸祭祀が行われたことを窺わせる。

SE6410

西加座北区画の南部で確認されたⅡ-4期に埋没した井戸であるが，埋土層はⅣ層に区分でき，最下層の第Ⅳ層には黒笹90窯式の灰釉陶器が出土しており，Ⅱ-3期に開鑿されたものと考えられる。この区画は，SE4050でもふれたようにⅡ-1～2期には斎宮寮庫を構成していたと指定される区画である。SE6410は，寮庫の一つと考えられるSB6420と重複関係にあり，後出する遺構で，井戸西側の建物群や東側の南北棟の建物群とともに区画機能が変化した時期の井戸である。

SE6410は，直径3～4mの掘形をもち，検出面から約0.5m掘り下げた地点で一辺約2.0mの隅丸方形をなし，深さ4.0m以下で一辺1.5mの隅丸方形を成し，深さ約3.5m辺りから湧水がはじまり，約4.5mで底に達した。埋土の第Ⅲ層から最下層の第Ⅳ層にかけて，多量の土器片のほか横櫛3点（8～9），斎串2点（11・12）のほか，曲物・桃の種などが出土した。斎串は，井戸で行われた祭祀に用いられ，櫛はその際かあるいは他の目的で井戸に捧げられたものと考えられ，ともに出土層位から井戸使用時での行為と考えられる。

SE2460

史跡北東部の方格地割北方で確認された。この調査地区では，Ⅰ-4期から鎌倉まで断続的に空間利用が行われており，Ⅱ-1期のSK2450からは，底部外面に焼成前に「水司鴨□」とヘラ書きされた土師器杯が出土しており，

斎宮寮における水司部の存在を裏付けるとともに水司に鴨氏が関わっていたことを窺わせる。

SE2460は、Ⅱ-4期に営まれた井戸であり、周辺には3間×2間の東西棟・南北棟の掘立柱建物が数棟確認されている。SE2460は、直径約2mの円形素掘り井戸で、徐々に細く掘られ、地山より深さ4.3mで底に達し、底の絶対高は4.4mである。底近くで斎串の先端部（15）や曲物の破片などが出土した。

SE5880

西加座南区画の南東部で確認され、検出面では楕円形の掘形を認めたが、下部では平面が方形を呈し、木組みの井戸枠と底部には川原石を周囲に巡らす曲物を備えていた。深さは、4.7mであるが、検出面から3.5m以下ではⅡ-3期の遺物が認められ、少なくとも井戸の開鑿時期はこの時期まで遡る。深さ4.2mの位置で、横櫛（13）と須恵器杯（14）が出土しており、横櫛は井戸埋没時に投棄されたと考えられる。須恵器杯底部外面には、焼成前に線状のヘラ書きが交差して書かれる。

3. 律令的祭祀具

土馬

斎宮跡からは飛鳥～奈良時代を中心として、約48点の土馬が出土している。出土地点は、西部の古里地区から東部の方格地割内外まで史跡全域に広く分布する。出土遺構が判明しているのは、溝12点、土坑6点、井戸2点、ピット2点の22点であり、溝・井戸などのように水にかかわる遺構がやや多いと言えるが、一つの遺構からまとまって出土する状況ではない。また、土馬は、完形で出土することはなく、頭部・脚部が破損している。

斎宮跡の土馬として注目を集めたものが、斎宮跡調査初期に古里地区から出土した鼻先・尾及び四脚が欠損するが、粘土を貼り付けて三繋・鞍を表現し、竹管文を配し、ベンガラで赤彩した現在長30cmの大型土馬（1）である。この大型土馬については、津市高茶屋大垣内遺跡の古墳時代竪穴住居からの大型土馬の出土例からも、時期的には古墳時代に遡る可能性も検討する必要がある[註21]。

Ⅲ. 斎宮跡の出土品と律令国家

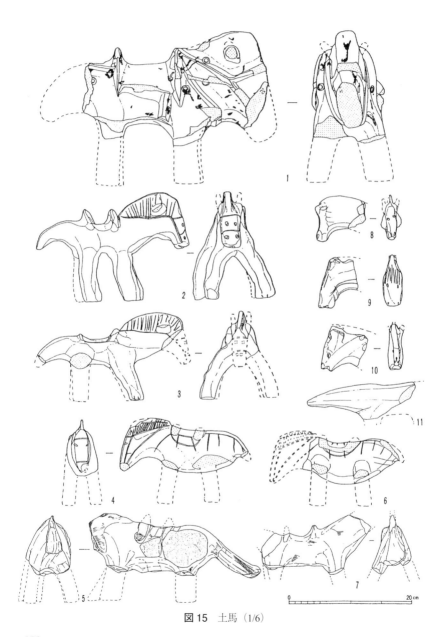

図15 土馬 (1/6)

③ 斎宮の祭祀

　斎宮跡の土馬は，飛鳥〜奈良時代では，面繋・障泥・鞍等の馬具を表現した飾り馬があり，平安時代のⅡ-2期の土馬（7）は鞍端のみ，Ⅱ-3期になると馬具は表現されなくなり裸馬となる。胴部は，中空になるものと中実になるものがあるが，時期的或いは地域的な差異とは考えられないようである。畿内地方で出土する大和形土馬の長い脚部を持つ形態とは，明らかに形状が異なる。
　土馬については，大場磐雄氏の水霊祭祀・祈雨祭祀・峠神祭祀・墓前祭祀にかかわる祭祀具，水野正好氏の「行疫神の乗り物」として，行疫神の猛威を事前に防止する祭祀に用いられたとする見解が示されている[註22]。
　土馬ではないが，平安前期に開鑿された井戸SE4050から馬歯4点が出土しており，Ⅲ-1期の10世紀末まで馬を用いた祭祀が行われたと推定される。斎宮跡出土の場合も，溝・井戸などの水に関わる遺構からの出土が多いとはいうものの，平城京や長岡京の都城遺跡のように一つの場所で，複数の土馬が斎串・人面墨書土器などの祭祀具とともに出土しているわけではなく，直ちに土馬と祭祀行為の実態を論じることには躊躇せざるを得ない。

人面墨書土器
　墨書土器のなかには，人の顔を描いた人面墨書土器と分類される一群がある。北は秋田城跡から南は佐賀県水江遺跡まで全国各地で出土するが，平城京・長岡京および平安京とその周辺地域の都城遺跡で出土が多い。8世紀に出現し，壺や甕などの外面に恐ろしげな顔を描くことが多く，鬚の象徴か斜線あるいは波紋を描く例があり，地域によっては長胴甕や杯なども用いられた。土器に描く顔の数は，1面から8面までであるが，通常は2面が多い。
　平城京では，8世紀中頃から底部を型押し，外面に粘土紐の巻き上げ痕跡をとどめる特異な専用土器がつくられるようになる。
　人面土器は，罪穢を気息とともに土器に封じこめて流す祭祀具とされる。『延喜式』の「四時祭大祓条」には，この土器の末裔とみられる1対の壺（坩）を供する記事がみえ，『西宮記』にはこの坩に天皇が気息を三度吹くとある[註23]。
　平城京右京八条一坊の西一坊間路側溝からは約700個体，長岡京西山田遺跡からは数百個の人面墨書土器が出土しており，ともに溝から大量に出土していることからも罪穢を流す祭祀に用いられたとすることができる。

III. 斎宮跡の出土品と律令国家

　斎宮跡でも，8点の人面墨書土器が出土しているが，都城遺跡のそれとはやや趣を異にしている。西加座北区画で9世紀後半（Ⅱ-3期）に埋没したと考えられる井戸SE4050から刀形木製品や馬歯などとともに出土した高杯（1）は，杯部を欠損するが，脚裾部の内外面に人面が描かれる。外面には少なくとも10面の粗雑な顔が描かれ，脚柱部にも唇とみられものが墨書される。内面には顔の左半分を大きく丁寧に表現し，脚柱部の穴を口とみなすこともでき，やや垂れ気味の目や眉毛，髪の毛や鬚などが描かれる。畏怖をあたえる表情ではないが，都城遺跡の人面墨書土器に通じる描き方であり，井

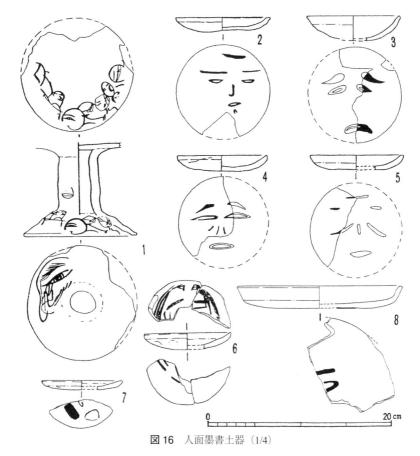

図16　人面墨書土器（1/4）

③ 斎宮の祭祀

戸祭祀に用いられたものと推定される。

牛葉東区画の溝SD578からは，11世紀（Ⅲ-2～3期）の土師器小皿の底部外面に人物の顔を描いた土器（2・4・5）が出土しているが，単純に眉毛・目・鼻・口を表現し，穏やかな表情である。(2・5)の額には一文字が描かれ，巫女を表現しているのかもしれない。この溝からは，平仮名墨書土器も出土しており，女官を描いた可能性がある。

牛葉東区画から出土した土師器小皿（6・7）の内面には眉毛・目と両側に髪を描き，外面にも人物の顔と思われる墨書が認められる。また，方格地割北方の山在家地区から出土した9世紀初頭（Ⅱ-1期）の土師器皿（8）の底部外面にも人物の眉と目を表現したとみられる墨書土器もある。

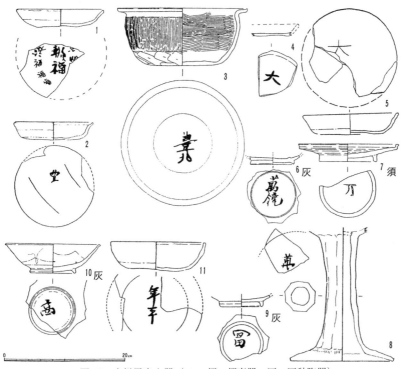

図17　吉祥墨書土器（1/6　須；須恵器，灰；灰釉陶器）

Ⅲ. 斎宮跡の出土品と律令国家

吉祥墨書土器

　古代の人々の信仰や精神生活を窺える墨書・刻書資料に，吉祥語句を記した土器がある。奈良時代では，Ⅰ-4期で底部外面に「豊兆」と墨書した土師器甕（3），底部外面に「大」と刻書した土師器杯（5）があり，後者は「大」「水司鴨□」（以上ヘラ）とともに土坑から出土している。

　多くは平安時代の土器であり，土師器では底部外面に「□福」と墨書し，周囲に「福」の墨書を巡らす杯（1），杯の底部外面「大」（4）・「豊」（2）を墨書する。椀の底部外面に「年来」と墨書した（11）は，高杯の杯部外面に「萬」と墨書した（8）および「大」と墨書された土器とともに土坑から一括出土している。

　須恵器では，「万」と焼成前に線刻された盤（7）があり，灰釉陶器には，椀の底部外面に「萬鏡」（6），「高」（10），「冨」（9）と墨書された例がある。

ミニチュア土器

　小型模造品とも呼ばれ，日常用いられる土器を小型に表現した仮器（形代）であり，古墳時代後期にあたる6世紀に近畿地方の横穴式石室の墓前祭祀として小型の竈・甑の存在が知られているが，律令国家との直接的な関係は明らかでない。

　斎宮跡からは，約200点のミニチュア土器が出土しており，土師器のほか須恵器（24～30）・黒色土器（9～11・14）・灰釉陶器（31）の各種があり，土師器の杯・椀・盤などの供膳具，甕・鍋・羽釜・甑・竈などの煮沸具，壺・鉢などの貯蔵具と多様な器形のものがある。黒色土器では鉢（9）・甕（10・11），羽釜形土器（14），須恵器では杯（24）・蓋（25・26）・壺（27・30）・托（28）・円面硯（29），灰釉陶器では短頸壺（31）がある。特に多いのが，土師器の煮沸具であり，実用品を忠実に模したものもある。

　壺E（32～35）は，ミニチュア土器として考えるか疑問も残るが，鍛冶山西区画の供膳具を大量に破棄した土坑や井戸SE4050から刀形木製品や人面墨書土器などとともに出土しており，祭祀的な土器と考えておきたい[註24]。

　出土分布をみてみると，土師器甕のミニチュア土器は，方格地割地内の全域で出土しているが，竈は鍛冶山西区画・西加座南区画，甑は西加座北区画・に集中している。これらの区画は，斎宮の中枢部にあたり，ミニチュア土器を用いた何らかの祭祀行為がこの地区で行われていたことを推定できる。

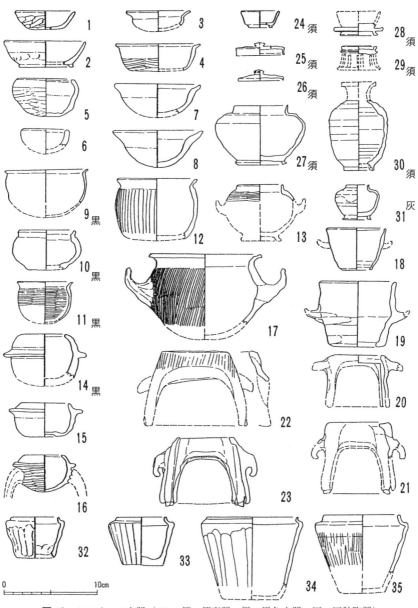

図18 ミニチュア土器（1/4 須；須恵器，黒；黒色土器，灰；灰釉陶器）

「延喜式　第五　斎宮」第61条には，
　　斎宮祈年祭神百十五座
　　　　大社十七座　在斎宮内
　　　　大宮売神四座　御門神八座　御井神二座　卜庭神二座　地主神一座
としている。御巫清直氏は，神祇官の八神殿に准じて外院の主神司の中に祀られたとする(註25)。また，斎宮では，忌火神・庭火神・御竈神は関連の司に祀られていたのであろうとされる(註26)。斎宮で執り行われた祭祀は，一つの行為が行われた後処分され，遺構としてその痕跡をとどめず，それを実証できる痕跡が確認できないことも多いと思われる。斎宮跡の土馬・人面墨書土器・ミニチュア土器などの出土状況，あるいは方格地割の区画溝は小規模であり，そこで行われた祭祀は都城遺跡の祭祀空間とは異なる。

「井」形墨書土器・刻書土器

墨書・刻書土器のなかには，「井」あるいは縦横の線が刻書されたものがあり，井神祭に関わるものと考えられてきた。平川南氏は，関東地方の古代集落から出土する墨書土器を分析，研究した成果から字形および「井」が同一個体上で他の字体とことなること，「☆」などの記号と混在している点などをから「井」の多くが文字ではなく，「九字切り」符号（ドーマン）と共通する魔よけの記号である可能性が高いと指摘する(註27)。

斎宮跡出土の「井」字形墨書・刻書土器は，その出土地点も史跡全域から出土し，井戸からは人面墨書土器とともにSE4050から出土した土師器甕(13)，およびSE5880から出土した須恵器台付杯(9)があるのみである。また，水と関わりの深い溝出土の例は，（1・2・5・10・11・12）があるが，多くの事例は土坑などから出土することが多く，必ずしも水との関係を強調することもできない。

「井」形墨書・刻書土器は，Ⅰ−3期から認められ（1〜8），この時期の墨書「井」は須恵器に限定されるようであり，土師器では確認できていない。逆に須恵器では，刻書土器（9）も認められる。須恵器の「井」形墨書土器はⅡ−1期以降は認められなくなる。土師器・須恵器の「井」形墨書は，漢字の「井」とも認められ，直ちにすべての「井」形墨書が井戸・井神との関係を否定できるわけでもない。

刻書土器も，奈良時代のものは，「井」字形をとどめるが，平安時代以降は，

3 斎宮の祭祀

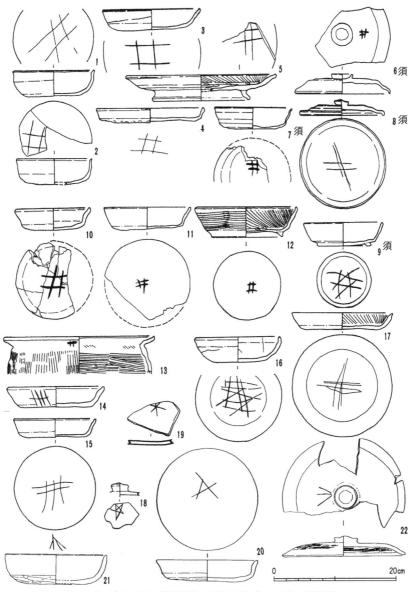

図19 「井」形・線状墨書, 刻書土器 (1/6 須；須恵器)

III. 斎宮跡の出土品と律令国家

縦・横線とも複数となり，斜線も加わる事例（9・16）も出現する。

一方，五傍星は，土師器蓋の内面に刻書された1例（18）があるのみで，今日セーマン・ドーマンとして用いられている状況とは異なるようである。その他にも，刻書には，「入」（20）や史跡西部で多く出土する「ラ」（22）のような事例もあり，記号か呪符としての意味を持つものかは検討を要する。

石帯・金属製品・土製品

斎宮跡から出土する遺物は，文献にみられない斎王と斎宮寮の暮らしぶりを窺わせるが，そのすべてを物語るわけではない。

「延喜式 第五 斎宮」第100条には，「凡そ斎内親王，京に還るとき，有てるところの雑物は寮官以下および宮に近き百姓らに普く分ち給え。その寝殿の物は忌部に給い，出居殿の物は中臣に給え。ただし，金・銀の器は斎王の家に納れよ。また幌(とばり)・幄(あく)・釜(かなえ)・甑(みか)の類の長用すべきは，皆国司に付けて収掌せしめよ。」(註28)

とあり，多くの品々は臣下や一般の人々に分け与えられたり，斎王家に持ち帰ったり，薬部司の薬刀・鉄の臼・銅の鍋・銅の升は次の斎王に引き継がれるものとして，伊勢国司が収納・管理することとされていた。出土品として確認されるのは，埋納遺構のように意図的に埋められたもの，あるいは斎串・土馬・人面墨書土器のように祭祀後に廃棄されたもの，土器類のように破損して使用できなくなったもの，紛失したものなどに限られる。そのような状況のなかで，斎宮寮や官人の生活の一端を示す遺物も出土している。

石帯 律令国家の官人には，いろいろな規定が課せられており，公式の場での衣服についても「衣服令」により，位階に応じて着用すべき細かい規定が定められていた。

『扶桑略記』慶雲4（707）年に「天下始めて革帯を用いる」とされ，この頃に服制を中国の唐の制度にならい，帯革と鉸具からなる腰帯(ようたい)が採用された。銙とよぶ飾り座を連続して据えるのを特色として銙帯(かたい)ともいわれ，銙の材料から金帯・銀帯・白銅帯・石帯・玉帯などの区分がある。「養老令」の衣服令では，五位以上は金銀装腰帯として，銙を金銀飾りとした革帯，六位以下無位も烏油(くろつくり)腰帯として，銙を銅製黒漆塗りとした革帯と規定している。その後，『日本後記』延暦15（796）年12月4日には「銙を禁じ」銅銙を廃したことが知られ，更に弘仁元（810）年9月28日には，石帯に変更したことが

3 斎宮の祭祀

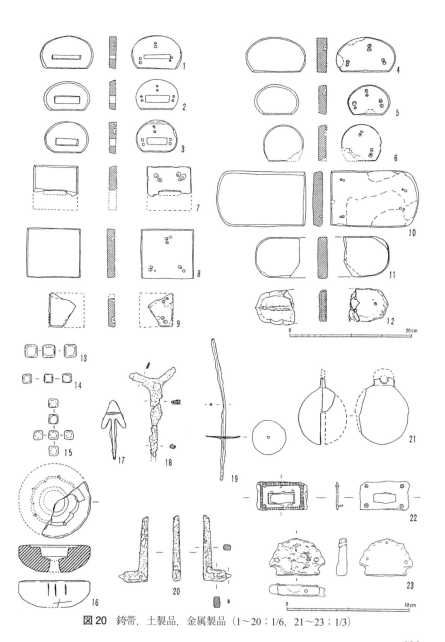

図20 銙帯，土製品，金属製品（1～20；1/6，21～23；1/3）

知られる。従って、公式の制度では、弘仁元年から石帯が着用されたと理解されている。

斎宮跡でも、現在帯金具1点（12）、石帯18点ほどの出土が確認されており、石帯が大半を占める。出土地点の判明している石帯15点のうち11点が方格地割内の西加座北区画から出土している。

石帯には、半円形の丸鞆、方形の巡方、長方形の一方が丸みをもつ蛇尾の三種類があり、丸鞆が横3.2〜4.7cm・縦2.3〜2.85cm・厚さ0.5〜0.75cm、巡方が一辺2.7〜4.3cm、厚さ0.5〜0.65cmのほぼ方形となり、蛇尾は横3.6以上〜7.0cm、縦3.3〜4.5cm、厚さ0.7〜0.8cmである。

石帯の年代を決定することは難しいが、土器との共伴関係からⅡ-1期の丸鞆（3）と蛇尾（10）、Ⅱ-2・3期の帯金具（12）、Ⅱ-4期の丸鞆（2・5）がある。銅銙には例外なく認められる佩飾を垂下する透かしは、丸鞆・巡方とも下方に長方形の透かしとなり、10世紀以降消失するとみられる。石帯の多くは、黒色で烏油腰帯を意識していることが知られ、斎宮跡からは玉石帯・瑪瑙帯のような材質は確認されておらず『雑石腰帯』に属するものである。

金属製品　金属製品には、銅鈴（21）、鉄鏃（17）、鉄製雁股鏃（18）は、鉄製防錘車（19）、金銅成L字型金具（20）などがあり、出土例は少ないものの武器、調度品などの存在が知られる。

土製品　鍛冶山西区画の第46次の包含層から出土した（16）は、直径約6cmの扁平な半球状をなし、平坦面中央に推定約4cm、深さ約1cmの円形の窪みがあり、周囲に花文を刻む。二次的な焼成を受けており、金具等の鋳型と考えられる。

また、サイコロ形土製品（13〜15）は、一辺1.5〜2cmで、角がやや丸くなった立方体の土製品である。サイコロの目は表現されていないが、（13）には墨痕がわずかに残っており、墨で書かれていたかもしれない。

〔参考文献〕

三重県教育委員会・三重県斎宮跡調査事務所『三重県斎宮跡調査事務所年報』 1980年〜

明和町『史跡斎宮跡 現状変更緊急発掘調査布告』 1985年〜

斎宮歴史博物館『斎宮跡発掘資料選』 1989年

斎宮歴史博物館『史跡斎宮跡 発掘調査概報』 1990年～
斎宮歴史博物館『斎宮跡発掘調査報告Ⅰ』 2001年
明和町『明和町史 斎宮編』 2005年
三重県『三重県史 資料編 考古2』 2008年
斎宮歴史博物館『斎宮跡発掘資料選Ⅱ』2010年
斎宮歴史博物館『斎宮跡発掘調査報告Ⅱ』 2014年

〔註〕
(1) 山澤義貴・谷本鋭次・倉田直純「斎宮跡の土師器」『三重県斎宮跡調査事務所年報1984』三重県教育委員会・三重県斎宮跡調査事務所　1985年
(2) 齋藤孝正・後藤健一編『須恵器集成図録 第三巻東日本編』雄山閣出版　1995年
(3) 藤澤良祐「瀬戸古窯址群Ⅰ」『瀬戸市歴史民俗資料館研究紀要Ⅰ』瀬戸市歴史民俗資料館　1982年
(4) 小森俊寛『京から出土する土器の編年的研究』京都編集工房　2005年
(5) 上村安生ほか『北野遺跡（第2・3・4次）発掘調査報告』三重県埋蔵文化財センター　1995年
(6) 駒田利治・倉田直純・泉裕二「斎宮跡の土器編年」『斎宮跡発掘調査報告Ⅰ—内院地区の調査—』斎宮歴史博物館　2001年
(7) 竹内英昭「第143次調査」『史跡斎宮跡 平成16年度発掘調査概報』斎宮歴史博物館　2006年
(8) 伊藤裕偉「中世南伊勢系の土師器に関する一試」『Mie history vol.1』三重歴史文化研究会　1990年
(9) 倉田直純「延喜斎宮式記載の土器・陶器と斎宮跡出土の土器・陶器」『再現・『喜斎宮式』—平安の斎宮を探る—』斎宮歴史博物館　2003年
(10) 大川勝宏「斎宮跡における平安期貿易陶磁の基礎的研究」『斎宮歴史博物館研究紀要19』斎宮歴史博物館　2010年
(11) 角正芳浩「斎宮跡出土の陶硯について」『斎宮歴史博物館 研究紀要20』斎宮歴史博物館　2011年
(12) 榎村寛之「斎宮殿司の性格について」『斎宮歴史博物館研究紀要22』斎宮歴史博物館　2013年
(13) 網伸也「平安時代中期の邸宅」『平安京右京三条二坊十五・十六町—「斎宮」の邸宅跡』財団法人京都市埋蔵文化財研究所　2002年
(14) 藤岡忠実「斎宮跡出土かな書き土器と難波津の歌」『王朝文学の基

層』和泉書院　2011年
(15) 新名強「斎宮跡出土の平仮名墨書土器とその背景」『斎宮歴史博物館研究紀要22』斎宮歴史博物館　2013年
新名強「「いろは歌」墨書土器に関する覚書」『Mie history 21号』三重県歴史文化研究会　2012年
(16) 所京子「斎宮善子内親王と母女御藤原道子の関係年譜」『藝林　第60巻第1号』　2013年
(17) 大川勝宏「第99次調査」『史跡　斎宮跡　平成5年度発掘調査概報』斎宮歴史博物館　1994年
(18) 森郁夫「地を鎮めるまつり」『日本の信仰遺跡』奈良国立文化財研究所学報第57冊　1998年
(19) 虎尾俊哉編『延喜式　上・下』集英社　2000年
(20) 松村恵司『日本の美術 No.512 出土銭貨』至文堂　2009年
(21) 竹内英昭「朱彩土馬」『明和町史　資料編　斎宮』明和町　2005年
(22) 大場磐雄「上代馬形遺物再考」『国学院雑誌』1966年
水野正好「馬・馬・馬—その語りの考古学」『文化財学報　第2集』1983年
(23) 土田直鎮・所功『神道体系　朝儀祭祀編二　西宮記』財団法人神道体系編纂会　1993年
(24) 大川勝宏「斎宮跡の祭祀と出土遺物」『三重県史　資料編　考古2』三重県　2008年
(25) 御巫清直『神宮神事考証』増補大神宮叢書7　2006年
(26) (註19) 注釈
(27) 平川南「墨書土器とその字形—古代村落における文字の実相—」『国立歴史民俗　博物館研究報告第35集』国立歴史民俗博物　1991年
『墨書土器の研究』所収　吉川弘文館　2000年
榎村寛之「斎宮寮と文字」『眠りから覚めた文字たち』斎宮歴史博物館　1997年
大川勝宏「斎宮跡の祭祀と出土遺物」『三重県史　資料編　考古2』三重県　2008年
(28) (註19) に同じ

（駒田利治）

Ⅳ．斎宮跡の史跡整備と活用

1 史跡指定とその整備の意義

　史跡の現代的な意義を考えるとき，大きく二つの方向性があげられる。一つは史跡という文化財指定を行うに至った歴史的・文化的価値の顕現と保護の方策としての意義であり，もう一つは国民・住民の共有財産として地域の文化振興や経済振興といったまちづくりの資産としての意義である。

　第Ⅳ部では，史跡の整備事業などによるまちづくりが現在も進行中である斎宮跡の事例を紹介していく。史跡という文化遺産の現代的意義を考える参考としていただきたい。

　史跡に指定することは，国の文化財保護法あるいは地方自治体の文化財保護条例に基づき，保護が必要な「根拠」である歴史的・文化的価値を学術的な面から整理して提示することであり，また法令の及ぶ範囲を明確にすることである。文化遺産は，史跡等の「文化財」に指定されることで，保存すべき価値やその保護の及ぶ範囲が明確になるのである。例えば，近世の城郭の場合，保護すべき本質的な価値として，その城の歴史性や構造の特徴などの歴史的・文化的価値が保護の対象として明示される。また，その空間的な範囲は具体的な住所地番や地理座標で明確に示される。史跡指定には，その文化遺産に対して我々が守るべき価値と範囲が共有されるという意味がある。

　一方で，史跡には城跡や寺社境内や地上に墳丘が残る古墳のようなものと，発掘調査を行うことで実態解明され価値評価が定まる，地下に埋蔵された「遺跡」のようなものがあり，これらには共通して大地に結びついた不動産的な文化財としての性格がある。

　平成27年春現在，国指定のものが特別史跡も含めると全国におよそ1,800件，また，三重県内において条例で指定するものでも73件の史跡がある。これらが史跡指定される段階では，多くが民有地であり，特に斎宮跡のように地下の「遺跡」の場合，史跡指定することで開発圧力から文化財を保護する意味合いも強い。実際に斎宮跡の場合，高度経済成長期の住宅団地開発計画が，発掘調査の開始と史跡指定の契機になっている[註1]。

　しかし，史跡指定することで（埋蔵）文化財は法令上の保護対象とはなるものの，土地や建造物等の所有者が有する財産権・生活権もまた憲法に基づき保護されており，両者の整合をはかる作業は個別に行っていく必要がある。

1 史跡指定とその整備の意義

　史跡内において住宅の増改築や電柱の付け替えなど，土地の掘削を伴うような行為や，景観上大きな影響を及ぼす行為を行政的には「現状変更」と呼ぶが，「現状変更」行為を行うためには国指定史跡なら国の，自治体指定史跡なら当該自治体の許可を受けなければならない(註2)。斎宮跡の史跡指定範囲内約 137.1 ha には現在も 600 世帯，約 2,000 人の住民が住んでいて，実際に年間 40〜50 件の「現状変更」の許可申請が国，文化庁に対して提出されている。このような住民の財産権・生活権に対しての補償行為として，史跡内の土地を自治体が買い取る「公有化」が行われる。斎宮跡では，地元の明和町が文化財保護法で定める「管理団体」となっており(註3)，史跡内の土地公有化が，現在は国 80％，県 15％，町 5％の財源負担で昭和 54 年から継続して進められ，その累計面積は平成 26 年度末で 401,370㎡で，史跡全体のおよそ 30％に及んでいる。この公有化により，史跡は開発による破壊の危険性はなくなるが，一方で，公有化地の有効活用（もちろん史跡としての）が問題となってくる。

　公有化の第一義的な目的は，史跡を保護することにあることは間違いない。しかし，現代においては，広大な公有地を現状のままにしておくことは，史跡の持つ社会性からも容認できないことである。それまで田畑だった土地を文化財保護のために公有化すると，公金の使用目的から反れるため耕作を継続することはできないから，放置すればたちまち雑草が繁茂する荒れ地となる。かつて松尾芭蕉は『奥の細道』の中で，荒れ果てた奥州平泉の藤原三代の茫漠とした遺跡を前に，「夏草や兵どもが夢のあと」と往時へのイマジネーションをかきたてたが，それは当時の知識人たる芭蕉だからこそであって，荒蕪地から史跡の情報を汲み取るのは，現代の一般人にとってはかなり困難な作業だろう。

　斎宮跡でも平安時代の終わり，『山家集』において西行は破れた築垣などから斎宮の荒廃を嘆いている。しかしその西行が見たであろう築垣も地表上にはすでに明らかではなく，石垣や古墳の墳丘に相当するような地表面上の可視的な痕跡も極めて少ない。一部には平安時代の方格地割や古代伊勢道の痕跡が現代でも道路や土地の境界として残るが，地表面からの観察では誰にでも容易に理解できるものではない。さらに住宅や森林等の眺望上の遮蔽物も点在している。全国屈指の広大な面積を有する一方で地形的に平坦な斎宮

Ⅳ. 斎宮跡の史跡整備と活用

跡は,古代の斎宮制度上の意味だけでなく,視覚的にもわかりにくい遺跡なのである。この「わかりにくい」という事は,史跡の活用の上では大きなネックになる。

　現代人が史跡を理解し,それを地域の財産として活かしていくためには,史跡の情報(それも発掘調査等で情報量は増していくことが望ましい)と,それをわかりやすく通訳して伝えるモノが必要になるのである。特に斎宮跡においてはこの通訳の役割を果たすものがなくては,公共財としての史跡を有効に活用していくことは困難なのである。ここに史跡を保護するとともに,その歴史的・文化的価値を通訳する仕掛けとしての史跡整備の意義が生まれてくる[註4]。

〔註〕
(1) 史跡斎宮跡の指定への経緯については下記の文献を参考とされたい。
・辻孝雄・西山嘉治・木戸口眞澄・倉田直純「〈座談会〉史跡斎宮跡国指定三〇年を振り返って」『三重の古文化』95　三重郷土会　2011年
・「第一章斎宮跡」『明和町史 斎宮編』明和町　2006年
・「Ⅱ. 斎宮跡発掘調査40年のあゆみ」『斎宮跡発掘資料選Ⅱ』斎宮歴史博物館　2010年
(2) 文化財保護法第125条　現状変更
(3) 文化財保護法第113条　管理団体
(4) 一方で,史跡整備は城郭の石垣修理や,崩落防止などの保存上の対策として行う場合もある。

2 斎宮跡の史跡整備のあゆみ

1. 最初の史跡整備

　史跡指定後の斎宮跡の整備事業は，昭和57（1983）年度から継続的に行われてきた。斎宮跡の史跡整備事業については，史跡指定に先立つ昭和53（1978）年に，三重県と明和町の間に役割分担にかかる覚書が交わされており，発掘調査および資料館や史跡内の施設の整備は県が，史跡管理団体として史跡の保全と来訪者対応は町が行うよう取り決められている。この覚書により，当初より史跡整備事業は県が実施してきた。その最初の整備事業は，まだ発掘調査率が史跡全体の約5.6％程度の時期である。斎宮全体の構造すらまだ分からなかった時期であったため，史跡指定前から地元でも「斎王の森」と呼ばれ，斎宮の何らかの重要な施設があったと期待された地点周辺をピンポイント的に定め，掘立柱建物の半立体表示を，防腐処理を施した木柱やツゲを剪定して柱状に表現し，また井戸枠や道路側溝を，発掘調査の成果に基づいて表示した面積約4,800㎡の公園を整備したものである。この第一歩以降，斎宮跡では幾次にもおよぶ史跡整備事業を継続してきた。この歩みを展望すると，我が国の史跡をめぐる施策の流れも概観することができる。

図1　斎王の森地区

IV. 斎宮跡の史跡整備と活用

その状況を見ていく前に、斎宮跡の状況を理解する上で重要な条件である、「保存管理区分」について触れておきたい。

2. 斎宮の保存管理区分

斎宮跡は約137.1 haの広大な面積が史跡指定され、多くの住民が住んでいることは先にも述べた。それだけでなく、史跡の南半には私鉄線が横断し駅もある。鉄道の南側にほぼ平行して通る県道は近世の参宮街道で、斎宮は宿場でもあったことから、特に住宅が密集するエリアとなっており、神社や公民館、小学校まである。一方で鉄道の北側は、高圧線鉄塔や若干の住宅はあるものの、畑と山林が中心となっている。鉄道の南側は住宅が密集する事情からも、これまであまり発掘調査による実態解明は進んでいないが、北側は前章まで述べてきたように、平安時代の方格地割を中心に解明が進んでいて、史跡の中でも遺構の分布密度や時代性について、ある程度の把握が進んでいる。

このように史跡を活かしていく上で、様々な条件の差異がある史跡内を、遺構の重要性や利活用の方策と、住民の生活権とのバランスを考慮して、保存管理上の地区区分を、住民との合意のもとに行っている。その区分を示したのが図2である。

広大な面積を有する斎宮跡にあっては、すべてを一律に調査・公有化を行うのではなく、当面公有化の対象とするエリア（ここでは第一・二種保存管理地区）を定めて生活領域との線引きを行い、発掘調査についても、実態解明のための学術的な調査は、当面原則として第一～三種地区の中で行い、第四種の宅地での生活権への影響については配慮することとしている。もちろん、法に基づき、文化財の保護のために史跡指定しているのだから、国の許可による「史跡現状変更」の扱いには史跡内で差異はない。住宅の増改築などを行う場合でも、地下遺構の保護に配慮を求め、必要に応じて事前の発掘調査を行って遺構の状況を確認し、文化財の保護に住民の協力を求めていくことには差異はない。また、この「保存管理区分」は斎宮跡の場合、昭和54（1979）年度にはじめて設けられてから、発掘調査の進展、史跡整備事業計画、社会情勢の変化などにより、大きくは3回の見直しを経て現在に至っている。こうした全体的な計画に基づく「保存管理区分」は、斎宮跡のよう

2 斎宮跡の史跡整備のあゆみ

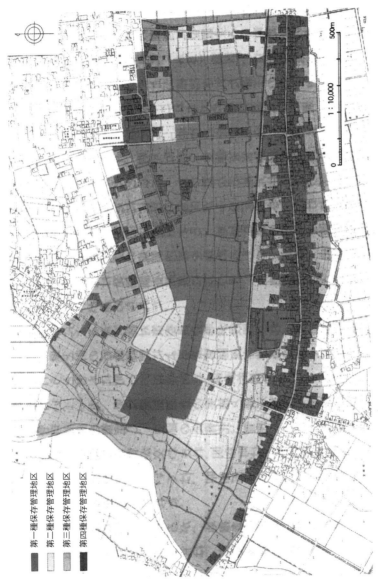

図2　斎宮跡保存管理区分図

IV. 斎宮跡の史跡整備と活用

な広大な面積を有する史跡では，それぞれが固有に持っている事情にあわせて策定されるものであり，社会の変化等にあわせて適宜見直されることが望ましく，それが各史跡の個性に繋がるとも考えられる。

斎宮跡の場合は，史跡指定以来，発掘調査においても，史跡整備においても，何よりも文化遺産の保護と住民の生活との調和を目指してきたのである。次に，これを踏まえたうえで斎宮跡の整備活用の歴史を振り返ってみたい。

3. 斎宮跡における史跡の整備活用のあゆみ

〔1980年代（博物館整備と暫定的な整備の時代）〕

昭和57（1983）年度に，史跡の中央部付近の「斎王の森」地区で，一部遺構表示を行った公園整備を行ったあと，1980年代は歴史学や考古学などの研究成果により，「わかりにくい」斎宮の情報やイメージを伝え，また将来の調査研究の拠点となる斎宮歴史博物館の建設へシフトし，昭和58（1985）年度には「斎宮歴史博物館基本構想」がまとめられた。

その間も昭和62（1987）年度に，史跡の西部と中央部をつなぐ古代の伊勢道の痕跡である農道を遊歩道として整備し，斎宮駅から博物館までのアクセス環境を整えるのにあわせ，その中間地点である塚山地区で1,274㎡のポケットパークを整備している。また，昭和63（1988）年度からは，史跡中央部の上園地区・篠林地区で公有化の進んだ場所から，次期の整備に向けて暫定的に芝生広場の整備を毎年度1,000～4,000㎡ずつ進めている。これは平成に入ってからの史跡中央部の大規模整備につながっていく。

なお，昭和58（1983）年度から，平安時代の斎王群行を再現した「斎王まつり」が地域住民の力でスタートし，当初は斎王の森の整備公園が群行の出発地点として活用されていた。「斎王まつり」は，平成27年で第33回を迎え，今や三重県を代表する祭典のひとつに成長し，斎宮のイメージを広くPRするものとなっている。

〔1989年～2001年（斎宮歴史博物館の開館と大規模整備のはじまり）〕

平成元（1989）年度にオープンした斎宮歴史博物館は，前例を破って史跡指定地内に建設された博物館である。建設場所の選定にあたっては，広大な斎宮跡の外では，史跡来訪者の利便性が著しく低下し，斎宮跡を紹介する博物館の機能の上で問題があるという判断によっている。建設にあたっては地

② 斎宮跡の史跡整備のあゆみ

表1 斎宮跡の史跡整備のあゆみ

年度		重要事項	史跡整備事業	国の制度・補助事業
1970	昭和45	斎宮跡の発掘調査を開始		
1972				
1973				
1978	昭和53	三重県・明和町の斎宮跡の業務分担の覚書締結		
1979	昭和54	斎宮跡が国史跡に指定		
1982	昭和57		斎王の森周辺地区のポケットパーク整備	
1983	昭和58	斎王まつりスタート		
1985	昭和58	斎宮歴史博物館基本構想		
1986	昭和61		斎王の森周辺地区の区画道路等復元	
1987	昭和62		塚山地区のポケットパーク整備	
1988	昭和63		上園地区の芝生張	
1989	平成元	斎宮歴史博物館開館	博物館周辺の庭園整備・上園地区の芝生張	史跡等活用特別事業(ふるさと歴史の広場事業)
1990	平成2		上園地区の芝生張	
1991	平成3		上園地区の芝生張とあずまや整備	
1992	平成4		上園地区の芝生張	地域中核史跡等整備特別事業
1993	平成5	ふるさと芝生広場オープン	ふるさと芝生広場の整備・篠林地区の芝生広場	
1994	平成6		篠林地区の芝生張	
1995	平成7		八脚門遺構表示・塚山3号墳丘整備	大規模遺跡等総合整備事業
1996	平成8	史跡斎宮跡整備基本構想策定	斎宮跡史跡等活用特別事業(上園地区等の区画外周道路と植栽)	
1997	平成9		斎宮跡地方拠点史跡等総合整備事業(いつきのみや歴史体験館)	地域拠点史跡等整備特別事業(歴史ロマン再生事業)
1998	平成10		斎宮跡地方拠点史跡等総合整備事業(いつきのみや歴史体験館)	
1999	平成11	いつきのみや歴史体験館オープン	斎宮跡地方拠点史跡等総合整備事業(いつきのみや歴史体験館)	
2000	平成12		斎宮跡地方拠点史跡等総合整備事業(斎宮跡歴史ロマン広場)	
2001	平成13	斎宮跡歴史ロマン広場オープン、斎宮跡発掘調査報告書Ⅰ刊行	斎宮跡地方拠点史跡等総合整備事業(斎宮跡歴史ロマン広場)	
2002	平成14			
2003	平成15	国史跡斎宮跡無料休憩所オープン(町)、斎宮ガイドボランティアの会発足		史跡等総合整備活用推進事業・美しい国づくり大綱
2004	平成16			景観法制定
2005	平成17			
2006	平成18	史跡整備の在り方検討報告		
2007	平成19			
2008	平成20			地域における歴史的風致の維持及び向上に関する法律(歴史まちづくり法)制定
2009	平成21	斎宮跡東部整備事業基本計画書策定、斎宮跡出土品2,611点が国の重要文化財に指定		
2010	平成22	史跡斎宮跡を核とした町の活性化基本方針	史跡東部整備事業実施設計(柳原地区)	
2011	平成23		柳原地区の造成・区画道路整備	文化遺産を活かした観光振興・地域活性化事業
2012	平成24	明和町歴史的風致維持向上計画が認定される	史跡東部整備事業復元建物実施設計・柳原地区の造成・区画道路整備	
2013	平成25		柳原地区復元建物建築工事	地域の特性を活かした史跡等総合活用支援推進事業
2014	平成26	斎宮跡発掘調査報告書Ⅱ刊行	柳原地区復元建物建築工事	
2015	平成27	斎宮駅史跡公園口オープン、「祈る皇女斎王のみやこ 斎宮」が日本遺産に認定、「さいくう平安の杜」オープン	柳原地区復元建物建築工事・外構工事、古代伊勢道地区整備が竣工	歴史活き活き!史跡等総合活用整備事業

Ⅳ. 斎宮跡の史跡整備と活用

下遺構を損なわないよう1m以上の盛土を施し，その上に地中杭を用いない平坦な基礎の建物として建設されている。

　博物館の設置にあたっては「斎宮歴史博物館基本構想」の中に「斎宮跡をサイトミュージアムとして整備し，館はその中核的な施設として位置づける。」としており，史跡全体を「遺跡博物館」とする将来の斎宮跡整備の方向と博物館の役割が示された。

　平成5（1993）年度には，博物館南側一帯の古里地区に約40,900㎡の「ふるさと芝生ひろば」を整備し，敷地内を通過する古代伊勢道の遺構表示を行った。

　この間，文化庁が地方自治体の史跡整備を支援する補助事業も大きく変遷

図3　斎宮歴史博物館とふるさと芝生ひろば

してきている。平成元（1989）年度には，「史跡等活用特別事業（ふるさと歴史の広場事業）」が立ち上げられ，歴史的建造物等の復元やガイダンス施設の建設が国の補助対象となった。これを契機に，従来の保存・修復中心の整備事業から，積極的な活用を意図した整備事業が地方自治体でも行えるようになった。以後，平成4（1992）年度からの「地域中核史跡整備特別事業」，大規模な集落遺跡など総合的・面的な整備を目指した平成7（1995）年度からの「大規模遺跡等総合整備事業」，これらを統合した平成9（1997）年度からの「地方拠点史跡等総合整備事業（歴史ロマン再生事業）」と，文化庁の補助事業は歴史的建造物の復元や大規模な史跡整備などが可能となるよう発展的に統廃合されてきた[註1]。

広大な指定面積を持つ斎宮跡では，この間に平安時代の方格地割の構造や，その中心たる斎王の宮殿「内院」の解明が飛躍的に進み，史跡西部の斎宮歴史博物館に続く史跡整備事業が模索されてきた。平成8（1996）年度には史跡内の発掘調査の進捗と遺構の状況，住宅の密集や鉄道・道路などの地理的条件により，史跡内を五つのゾーンに分けて今後の整備・活用の方針を定めた「斎宮跡整備基本構想」を三重県教育委員会と明和町により策定し，図4にそのゾーン区分を示した。それぞれの概要をかいつまんで示すと，①「遺構の学術的復元・整備ゾーン」は，発掘調査により平安時代の方格地割の存在が明らかになったエリアから私鉄・参宮街道の住宅密集地を除いた範囲で，区画道路や建物の復元を含めた学術的整備を行う。②「遺構の活用・演出的整備ゾーン」は私鉄斎宮駅北側一帯で，鉄道を利用した史跡へのアクセス条件は良いが，発掘調査成果としては遺構密度が薄かったり，あるいは近世以降の土取りで遺構が損壊していることが多いため，史跡斎宮跡の入り口として史跡の模型や体験学習施設を設けるエリアとしている。③「ふるさと景観整備ゾーン」は史跡西部で，斎宮歴史博物館を含むエリアである。特に南半において発掘調査が進んでおらず，一方で史跡の西を限る祓川や，圃場整備を行っていないかつての田園景観を強く残す沖積平野を含んでいるため，良好な景観の維持を前提とするエリアとした。④「集落地区整備ゾーン」は史跡の北限部分で，一定の集落形成がなされるとともに，平安時代の方格地割の外側にあたることから，史跡内のバッファゾーン的な取扱を想定したエリア。⑤「歴史的まちなみゾーン」は私鉄線以南の近世参宮街道沿いに発

Ⅳ. 斎宮跡の史跡整備と活用

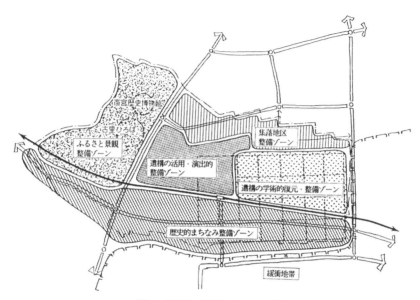

図4　整備基本構想ゾーニング図

図5　いつきのみや歴史体験館

達した住宅密集地である。現在，先に述べた保存管理区分の上でも，史跡保護に影響のない範囲で生活権への配慮を優先していることから，近世街道集落の雰囲気を可能な限り維持することで，地下の文化財も保護する一方，水道や排水などの生活環境整備も進めるエリアとしている。

　文化庁の大規模整備も可能な補助事業の整備と，「史跡斎宮跡整備基本構想」というマスタープランができて史跡斎宮跡内の全体的な整備活用の方針が定まったことから，いよいよ大型の史跡整備事業がスタートした。それが史跡のガイダンス機能と平安文化の体験学習機能をもつ「いつきのみや歴史体験館」と，広大な史跡全体を理解するための1/10史跡全体模型を設ける斎宮跡歴史ロマン広場を整備する，平成9（1997）年度から平成13（2001）年度にかけての「斎宮跡歴史ロマン再生事業（斎宮跡地方拠点史跡等総合整備事業）」である。

図6　斎宮跡歴史ロマン広場航空写真

Ⅳ. 斎宮跡の史跡整備と活用

　平成 11 年度に完成した「いつきのみや歴史体験館」は、平安時代の寝殿造建築の様式に基づいて建てられた木造建築で、ガイダンス棟、体験学習棟、野外学習棟と、附属する建物からなっている。ここでは十二単や狩衣の試着、盤双六やギッチョウ、蹴鞠などの体験、草木染や機織物、龍笛などの講座などが行える。また 1/10 史跡全体模型は、1/10 といいながら東西 200 m、南北 70 m の広大なもので、特に方格地割の解明が進む史跡東部の部分には地割と、発掘調査で解明された内院や神殿地区、寮庫地区の建物を 1/10 の模型で表現している。建物模型は①軸部木製＋屋根 FRP 製、②軸部アルミ合金製＋屋根 FRP 製、③すべてアルミ合金製の三種類があり、内院の復元建物は①、神殿地区の建物と、発掘調査でまだ実態がよくわからないためグレーで塗装したものを②で、寮庫の倉庫群のように同じ型を利用して複製できるものは③により製作した。これは形状の表現だけではなく、今後の史跡整備材料を考える上での長期的な暴露試験ともなっている[注2]。なお、斎宮跡歴史ロマン広場の北部は、昭和 63（1988）年度から継続してきた芝生広場を取り込んだかたちとなっており、完成後「斎王まつり」の斎王群行の新たなスタート地点となっている。

　これらはいずれも史跡のための施設であり、地下遺構を損なわない工法を取っているとはいえ、史跡内のほぼ中央に整備されたことは、全国の史跡整備事例の中でも、史跡という文化遺産の利活用に力点を置いた先駆的な整備事例であったと言ってよい。

　また、この時三重県の事業で整備した施設は、地元明和町が貸借契約に基づいて運営・管理を分担し、実際の業務は入札により町の外郭団体である公益財団法人国史跡斎宮跡保存協会に指定管理を委託することとなった。この自治体の役割分担の中で、県が整備し、町・財団が維持管理・運営するというスタイルは、現在も続く斎宮跡の施設運営の基本的なかたちとなっている。

〔2002 年～2015 年（さらに多彩な利活用を目指した整備事業にむけて）〕
　「斎宮跡歴史ロマン再生事業」の完成後、我が国の文化遺産をめぐる情勢に大きな変化が訪れる。平成 15（2003）年度から、国土交通省を中心に外国人旅行者の増加をめざす「ビジット・ジャパン・キャンペーン」がはじまった。観光が国の最重要政策のひとつとなったのである。また、同年には同省より「美しい国づくり政策大綱」が出され、自然や町なみなどの美しい景観

② 斎宮跡の史跡整備のあゆみ

を創出し，地域の景観を醸成する歴史・文化・風土などの個性を重視する姿勢が示された。そして翌年には良好な景観形成の理念と，計画や協定のための諸規定を定めた景観法が成立した。時代の価値観が効率性中心から，住む人や訪れる人にとっての美しさや心地良さに変化してきたといえる。

平成20（2008）年には国土交通省，文化庁，農林水産省の三省庁共管の「地域における歴史的風致の維持及び向上に関する法律」いわゆる「歴史まちづくり法」が公布・施行された。この法律は，我が国に残る城や神社，仏閣などの歴史上価値の高い建造物や，その周辺の町家や武家屋敷などの歴史的な建造物と，そこで営まれる工芸品の製造・販売や祭礼行事など，歴史と伝統を反映した人々の生活が醸成する，地域固有の風情，情緒，たたずまいを歴史的風致として維持・向上させ後世に継承することを目的としている。この法律では市町村が策定し，国に認定された「歴史的風致維持向上計画」に基づき，その目的に従って実施される自治体の事業に対し，国から支援や特別措置が受けられることとなっている。文化遺産とそれを取り巻く景観や文化がまちづくりの資源として公的に大きく認められるようになったのである。

文化庁の史跡整備に関する補助事業も，平成15（2003）年度に「史跡等総合整備活用推進事業」に統合されたあと，平成23（2011）年度には「文化遺産を活かした観光振興・地域活性化事業」に，平成25（2013）年度に「地域の特性を活かした史跡等総合活

図7　発掘現場の公開

Ⅳ．斎宮跡の史跡整備と活用

図8　発掘現場の案内板

用支援推進事業」に，平成27（2015）年度には「歴史活き活き！史跡等総合活用整備事業」と名を変えてきたが，徐々に史跡整備が地域の観光振興やまちづくりなどの地域振興への寄与することを強くうたうようになってきている。

　平成9～13年度の大規模整備事業の後，斎宮跡においては，いつきのみや歴史体験館に近接して，明和町が整備した国史跡斎宮跡無料休憩所（いつき茶屋）を拠点に，体験館，歴史ロマン広場と斎宮歴史博物館を案内する斎宮ガイドボランティアの会が，町の観光協会内の組織として発足した。指定管理者によるいつきのみや歴史体験館の運営とととともに，来訪者をもてなすしくみが整えられたのである。ガイドボランティアは毎月1回の研修会などによりガイドのスキルを高められるよう，斎宮歴史博物館も協力して研鑽を積んでおり，会員のモチベーションは高い。

　一方，博物館でも設立当初からの史跡全体をサイトミュージアム（遺跡博物館）と捉える考え方を進めるために，平成19年度から学術目的の発掘調査現場の全面的な公開をはじめた。それまで発掘調査の公開は，調査がほぼ終息する段階で調査成果を発表する「現地説明会」が中心で，毎回数十人の

2 斎宮跡の史跡整備のあゆみ

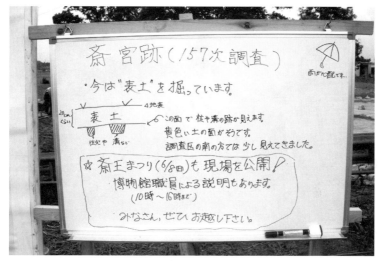

図9　発掘現場のホワイトボード

参加を得てきたが，発掘現場も史跡という文化財にじかに触れられる展示室の延長という考え方で，あらためて見学者を積極的に誘導するようにした。具体的には，博物館のホームページや受付の案内などで，発掘調査が実施中であることを示し，見学者があれば調査担当者が可能な限り応対し，調査地点が斎宮のどのような場所にあるのか，現時点で調査のどのような段階にあるのか，どのような成果があがりつつあるのか，といった説明を行うようにした。また，これを補助できるよう，発掘調査の方法や，これまでの発掘成果についての手作りの説明板を調査現場に設置したり，当時話題になっていた旭山動物園の展示方法を参考に，ホワイトボードに調査担当者の手書きで，現在の調査状況をできるだけリアルタイムに提示するようにした。こうした発掘現場の提示方法により，まだ遺構が見えない表土の掘削作業でも，調査が終わって遺構保護のために行う埋め戻し作業でも，発掘調査の一過程として見学してもらえるようになった。

　この取り組みを始めた平成19年度には，斎宮跡の発掘現場への見学者は年間で約1,700人に及んでおり，従来の「現地説明会」を大きく上回る数の見学者に，史跡斎宮跡に触れていただいた。さらに平成20年度からは「斎

IV. 斎宮跡の史跡整備と活用

図10 平安衣装を着た現地説明会

宮跡発掘体験ウィーク」を開催した。これは発掘調査期間に一週間程度一般の方に短時間ながら発掘調査に参加できるように企画したもので、調査担当職員や熟練した作業員が1対1でついて、発掘調査方法などの説明を受けたのち遺構の調査を体験してもらうというもので、調査にあわせた平日の実施だが、これまで延べ100人近い参加があった。参加後のアンケートでも参加者の満足度は高く、参加者は20代から各年代層で、性別も偏らず、発掘を体験してみたいという潜在的な需要と合致したのだと思われる。近年、発掘調査予算が縮小されつつあり、実施が困難になりつつあるが、発掘調査への理解を広げていくためにも必要な事業と考えている。

　こうした「見せる・体感できる発掘現場」は、史跡の遠方からの見学者だけでなく、地元住民やガイドボランティアとの距離感を縮め、史跡についての情報共有や、博物館の活動への関心の高まり、新たなコミュニケーションにもつながったと考えている。確かに調査途中での見学者対応は、博物館職員にとっても業務上の負担にはなるが、史跡の調査という公共性から、調査現場も可能な限り広く共有されるべきではないだろうか。筆者自身、子供時代に近くの遺跡で土器のかけらや石器を採集したり、大学に入って初めて経

図11　斎宮ガイドボランティアの活動

験した遺跡の発掘調査の感動が，今の仕事の原動力にもなっている。自分たちが考古学に感じた遺跡の持つ本物の喜びや驚きを，現場を通して伝えることは，我々のような文化財の専門職員だからこそできることだと考えるのである。

　斎宮跡での史跡内のガイドボランティアの活動が定着するようになり，斎宮跡の運営に行政以外の団体が係るようになって来訪者対応の幅が広がった頃，地元地域から次の史跡整備事業への期待が高まってきた。ここで計画されたのが平成27（2015）年度の完成を目指した平安時代の復元建物3棟の建設を中心とした「斎宮跡史跡東部整備事業」である。

　この事業を計画するにあたっては，平成18（2006）年度から，博物館や歴史体験館，1/10史跡全体模型に続く整備事業の在り方について，文化財，メディア，経済界の有識者に，地元住民代表を加えた検討会を開き，①史跡斎宮跡の特性を活かした，新しい機能と付加価値を創造する，②誰もが集い・学び・憩いの場として利用できる親しみの持てる史跡公園とする，③地元地域の斎宮を核としたまちづくりと連携するもの，という三つの大きな基本方針に基づき事業を計画することとなった。翌年度からは具体的

Ⅳ. 斎宮跡の史跡整備と活用

な整備活用検討委員会を開き，平成21（2009）年度には三重県が「斎宮跡史跡東部整備事業基本計画書」を策定し，斎宮跡の次のステップアップにむけての挑戦が始まった。

　さらに，平成24（2012）年度には，先述のいわゆる「歴史まちづくり法」に基づき，地元の明和町が策定した「明和町歴史的風致維持向上計画」が国の認定を受けた。県の史跡整備とともに，これにより明和町が計画する，地域交流施設や史跡来訪者のための施設整備，観光動向調査や史跡南部を通る近世参宮のまちなみ調査など，斎宮跡をまちづくりに活かすための様々なハード，ソフト事業を行えるようになったことも，大きな相乗効果が期待される条件となっている。

　〔註〕
　(1)『史跡整備のてびき　総説編』文化庁文化財部記念物課・史跡等整備の在り方に関する調査研究会　2004年
　(2)『斎宮跡史跡整備報告―斎宮跡地方拠点史跡等総合整備事業―』斎宮歴史博物館　2002年

③ 史跡斎宮跡東部整備事業

1. 史跡整備の在り方

　現在進めている,「斎宮跡史跡東部整備事業」(以下,「東部整備事業」という)について述べる前に,あらためて「史跡整備」について,筆者が斎宮跡の整備に携わるにあたって,特に重視してきた基本的な考え方に触れておきたい。
　まず第一に考えたいのは,対象が史跡であることと,その史跡の性格との整合性である。史跡公園は通常の公園設備と異なり,遺構等を保護するとともに,史跡の価値を示す必要がある。これがなければ史跡整備の社会性は担保されない。文化財の価値基準のひとつに「真正性(オーセンティシティ)」がある。県や国の指定文化財にしろ世界遺産にしろ,文化財として扱うためには,その有する価値が歴史や文化の上できちんと規定できる「本物」でなければならない。斎宮跡であれば,ここが斎宮の遺構であると証明できる遺構や遺物が確実かつ良好に残っていることが発掘調査等で証明されなければならないのである。
　そこで史跡の上で実施する史跡整備にあたっても,この証明された史跡の在り方と齟齬があってはならないのである。そこがテーマパークの整備と決定的に異なる点である。また,斎宮跡のように「わかりにくい」史跡の場合,史跡の理解と歴史的・文化的価値の共有のための史跡整備が,誤ったメッセージを発信してはならない。特に遺構の復元にあたっては,その影響力からも特段の慎重さが求められるが,この点については後述したい。
　第二に,文化財を保護する仕組みと整合し,バランスが取れることが大切である。史跡整備は,その目的からも史跡への来訪者を積極的に誘導するものである。しかしながら,史跡整備が結果的に文化財の保護とかみ合わない場合がしばしば見受けられる。その最たるものが観光客の増加が環境の悪化を招いたり,地域住民との摩擦をおこすことである。世界遺産となった富士山のゴミ問題などは記憶にも新しいところである。こうした観光圧力を十分考慮した計画でなければならない。
　また,多数の来訪者を期待し,それが地域に経済的な影響を与えるようになればなるほど,史跡の保全・活用にかかわるステークホルダー(利害関係者)も増加することになる。斎宮跡でみると,昭和の頃までは国・県・町と

IV. 斎宮跡の史跡整備と活用

いった行政と，町の外郭団体である公益財団，地域住民が史跡の保全に関与するステークホルダーであった。史跡内の整備事業が進むにつれ，現在は町の観光協会，商工会などの団体や，各種ボランティア団体などが加わり，今後は私企業も史跡に関わるようになっていくだろう。多様なステークホルダーは史跡に対してそれぞれ多様な価値観を持っている。史跡整備が社会性を担保するためには，こうした価値観の調整も必要になるのである。平成24（2012）年度から地元の明和町を事務局に，博物館（県），町，公益財団，観光協会，商工会，特産品振興協議会，ガイドボランティアにより，「斎宮跡来訪者アップ連絡協議会」を発足させ，各団体の斎宮跡に関する事業の情報共有，さらに共同事業の模索などを進めるようになった。

　第三には，整備地を含め史跡を持続的に維持・運営できる仕組みが整えられる必要がある，という事である。完成した施設を長期的に維持するにはまず，安定した維持・管理者が必要になる。そして，その維持・管理者の果たすべき責任範囲を明確にする必要もある。斎宮跡では前節でも述べたように，大規模な史跡整備事業は県が担い，完成後に史跡管理団体である地元の明和町との貸借契約により移管し，さらに実際の維持・運営は町の外郭団体である公益財団が指定管理者となって行ってきた。整備された史跡公園の規模によっては，メンテナンスは毎年2～3回程度，地元のシルバー人材センターに草刈り等を委託するだけという事例も少なくない。史跡整備地を有効に活用していくためには，それに見合ったスタッフや組織が伴わなければならない。

　さらに，こうした仕組みの維持には当然コストもかかる。自治体の史跡整備事業では，初期費用（イニシャルコスト）については，その折々の当局の施策により，まとまった予算が計上されることがあるが，維持・運営費用（ランニングコスト）については，予算措置が厳しい場合が多い。我が国は現在，人口減少と高齢化，人口の一極集中という問題を抱えている。現行制度では地方自治体が財政負担しなければならない文化遺産や整備地の維持管理は，税収が減少していけば徐々に困難になっていく事は間違いない。いずれ今世紀中には各地で復元整備した建物や史跡公園が維持できなくなり，撤去する事例が発生すると危惧される。歴史が繰り返され，史跡指定地が再び荒蕪地に帰っていくことも懸念されるのである。

また，施設の維持・管理には，特に復元建物のような場合，建築技術的にも，檜皮葺等の材料調達や施工技術が存続していかなければ，史跡整備地は維持できない。こうした課題への見通しがなくては，史跡整備の事業着工は難しい。
　第四に，整備した史跡公園の利活用の目的が明確になっているか，という事である。一般の公共工事にも言われる事だが，事業の遂行のみが目的化され，本来の目的の設定が中途半端になっていないか，という事は筆者も自戒の気持ちも込めて忘れてはならない事だ。斎宮跡にとって復元建物を整備するという事は，史跡指定当初からの住民や行政にとっての大きな目標であり願いだったが，復元建物の目的が明確でなければ，史跡内のどの地区のどの建物を復元するのか，建物としての仕様はどうするのか，例えば形だけを復元すればいいのか，内部的にも建築として整えなければならないのかといった建築条件が定まらない。復元建物や史跡公園全体の利活用について，ある程度方向性なり目途を立てられるかどうかは，今回の事業にとっても大きな課題だった。
　東部整備事業に着手するのにあたって全国各地ですでに復元された建物を調査したが，これらの中には門とか倉庫，築地塀のようにかつてのイメージは伝えられるが，建物としては利活用できない仕様のものが多数みられる。そこで，平成23（2011）年度に，地元斎宮地区の住民有志と，博物館，町，財団の職員により，史跡公園や復元建物の利活用のイメージについて，事前に他の史跡整備地について学習した上で意見を交換しあう「斎宮跡東部整備事業活用検討チーム」を開催した。住民らの意見を聞く基本ルールとして，ここで出された意見については一切不可とはせず，①実行に移す条件は整っており，短期的に可能なもの，②準備期間をおいて中期的に可能なもの，③課題が多いため実現のためには長期的に検討が必要なものに仕分けし，これに基づいて平成24（2012）年度に，復元建物の実施設計に進んでいる。
　なお，実施設計にあたっては，住民有志から出された意見だけでなく，そこから想定される利活用方法について将来的にもある程度対応できるよう電気容量や照明などには余裕をもたせ，設備の追加も可能にしている。その一方，年数回程度のイベントなど臨時的な使用にかかる設備は，平時の維持管理費も考え，外部電源など持ち込みにより対応することとした。

Ⅳ. 斎宮跡の史跡整備と活用

図12　活用検討チームの様子

　以上，東部整備事業の実施にあたっての課題とした事項を述べたが，これらの中には事業を進めている現時点でもまだ検討中のものもある。しかし，事業が進捗し，遺構表示や復元建物が目に見えてくるようになると，斎宮跡に関わるステークホルダーの間で，この課題の共有が進展してきたといえる。

2. 東部整備事業の対象と手法の検討

　一般的に考えられる史跡整備の手法としては，①資料館や博物館の建設，②史跡内の公有化地の公園化，③説明板・案内版の設置や遊歩道・回遊路の整備があげられる。また④古墳や窯跡などの遺構を点的に環境整備をして，見学者に理解しやすくする，といった事もあるだろう。⑤発掘した遺構を現地で露出展示したり，金属やFRPなどで遺構の発掘状況の模型を作り，現地で展示するという手法もある。斎宮跡ではすでに①～④の手法は実施されている。また，⑤については他県の実施例も視察したが，迫力はあるものの遺構を損壊しない維持管理が技術的に容易でなく，斎宮跡のように何百年もの間に重複して何度も掘立柱建物を建て替えている遺跡の場合，遺構を生で表示しても，専門家であっても一見で理解するのは困難で，まして一般には極めてわかりにくいと考えられたため採用していない。

　東部整備事業の方向性を博物館で検討した，平成18年度の「斎宮跡史跡

③ 史跡斎宮跡東部整備事業

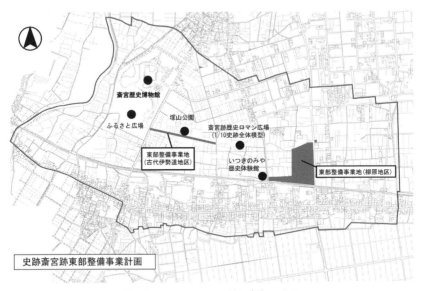

図13 史跡斎宮跡東部整備事業の計画

整備在り方検討委員会」では，平成8年度策定の「斎宮跡整備基本構想」に基づき，上記①～④の整備に加えて，平安時代の斎宮を特徴づける方格地割の一区画を，区画道路と復元建物で再現する整備を行い，往時の斎宮そのものを体感できるようにすることで，事業の目的の一つであるこれまでの整備地を活かし，斎宮跡に新しい付加価値をもたらすことを目標とした（Ⅳ-②-3参照）。この在り方検討委員会でも，斎宮跡は広大なため，来訪者にとって斎宮跡を訪れているという実感が乏しい事，博物館や体験館などの施設が分散するため，シンボリックな場所が無い事が今の斎宮跡に欠ける要素と分析された。

具体的な整備対象地は，発掘調査の進捗度とその成果，公有化の進捗度，周辺の道路や住宅の有無，史跡内での整備地の分布のバランスと，復元建物整備の効果が期待できるかどうかなどといった条件から検討し，平安時代の「寮庁」に比定される柳原地区の区画が対象となった。また，あわせて今回の整備地のある史跡東部や体験館・1/10史跡全体模型がある中央部と，博物館のある史跡西部をつなぐ回遊路機能を強化するために，発掘調査で確認さ

219

れている．飛鳥～奈良時代には史跡内を貫通していた古代伊勢道のうち，延長約350m分を当時の規模のまま再現する事となった．

こうして，東部整備事業の手法についての骨子は定まったが，現在我が国の国指定史跡での復元整備については，文化庁は補助事業のメニューを整備する一方で，安易な復元が制限されるよう高いハードルを設けており，「史跡現状変更」として国の許可を受ける事を条件としている．次に史跡整備における復元の在り方と，斎宮跡での検討について触れていきたい．

3. 史跡整備における復元

まず最初に，ここで使う「復元」の用語は，斎宮跡での復元建物のように，すでに消失してしまった歴史的な建物を新材を用いて再建することをさしている．類似の単語として「復原」があるが，文化財の場合一般に修理事業において改造された箇所を元の形状に復する場合に使うため，史跡等での歴史的建造物を再建することは，文化財の世界では一般に「復元」で統一されている[註1]．

史跡の復元的整備に対しては，常に「復元は現時点での推測にすぎず，史跡についての誤ったメッセージを発するおそれがある．」との懸念や批判がある．筆者が平成21（2009）年に参加した「古代官衙・集落研究会」（奈良文化財研究所）では，文化庁が平成10（1998）年度に復元完成した平城宮朱雀門に対して，「重層門ではなかったのではないか」，「屋根の形状が寄棟だった可能性もあるのではないか」といった意見も出された．当時日本の復元整備の最先端と考えられた平城宮の復元であっても，学術的にはこうした議論が起こり得るのである．もとより，地方自治体にとって大きな財政負担を伴う復元建物では，こうした事が最大限起こらないように計画を立てなければならない．

文化庁は平成16（2004）年度に，「史跡等における歴史的建造物等の復元の取扱い基準」を定め，史跡において歴史的建造物を復元展示するにあたって全てクリアすべき条件を下記の通り示した．
①当該史跡等の保存にとり支障とならないもの．
②当該史跡等の活用にとり積極的な意味を持つもの．
③当該史跡等に対する理解が誤りなく適切に導かれるもの．

④当該史跡等の歴史的・自然的な風致及び景観と総体として整合する内容をもつもの。
⑤構造及び設置後の管理(防災・防犯を含む。)の観点から,安全性が確保されているもの。
⑥復元した建物等を施設として活用する場合には,当該史跡等の保存と活用に関わりがあり,当該史跡等にふさわしい内容を持つもの。
⑦当該史跡等の適切な保存と活用のための整備に関する全体的な計画が策定され,その中で①~⑥に関する方針が明確に示されているとともに,復元後の建造物等の保存・管理のための行財政措置等の方針が整っているもの。
⑧復元しようとする歴史的建造物等の位置,規模,意匠,構造形式等について十分な根拠のあるもので,文化庁との協議を踏まえ,史跡等における歴史的建造物等の復元の取扱いに関する専門委員会の審査を経たもの。

　また,史跡等の中心的な建物の復元展示については,それぞれの史跡等の性質を反映した独特の意匠や構造を備えている可能性があり,安易な復元は推定の要素を増幅して遺構の正しい理解に資するものとはならない可能性があるため,多角的で精緻な調査研究を十分に行い,慎重に判断する必要があるとしている[註2]。

4. 斎宮跡東部整備事業の復元建物の検討

　今回の東部整備事業での復元案の検討については斎宮歴史博物館より整備事業報告書の刊行予定があるため,詳細はそちらに譲るとして,おおよその検討の概要について史跡整備の一つの実例として紹介しておきたい。
　まず最初に,平成21(2009)年度に斎宮歴史博物館が,外部有識者への委託により最初の原案をまとめた。翌年度には博物館が所管する「斎宮跡調査研究指導委員会」の指導を受けながら基本設計を行い,これを原案として同年度に文化庁の審査機関である「史跡等における歴史的建造物等の復元の取扱いに関する専門委員会」(以下「復元専門委員会」という)に提出,その後この委員会から様々な照会を受け,これに回答したり部分的な修正を行っていった。照会事項の主なものを列記すると次のとおりである。
①復元・表示する方格地割,柳原区画の具体的な性格を,他の区画との比較も行い明確にする事。

②復元予定の建物（今回の計画では3棟）の同時期性を証明する事。
③復元する建物の役割・性格を明確にする事。また，斎宮跡のこの時期の建物を復元する意義を示す事。

　①についてはⅡ-③でも触れているが，整備対象とした柳原地区は，9世紀前葉から少なくとも11世紀中葉頃まで区画中央に四面庇付建物が最低5回は建替え続けられるといった，他の区画にはない特徴を持っている。四面庇付建物は全国の国衙の正庁や，国司館の中心建物，都城の貴族層の邸宅などとして発見される事例が多く，柳原区画が他の区画より卓越した地位を有する事や，四面庇付建物の南面に常に一定規模の「ニワ」的空間を有する事，遺構・遺物に生活や祭祀的な性格がうかがわれない事から，斎宮寮頭が主宰して儀礼や饗応を執り行う場である「寮庁」に当たるものと推定した。

　②ついても，3棟が建物の軸方向を揃えた計画的配置を取ると考えられる事や，他の溝や土坑との重複関係から，3棟いずれも9世紀前葉の極めて限定される時間幅に収まる事が判明した（Ⅱ-③-3参照）。

　③については，区画中央にあって，南面に「ニワ」的空間を持つ四面庇付建物はその格式から寮庁「正殿」。最も床面積の大きい三面庇付建物は，東面の「ニワ」側が偶数間（4間）となることから,区画中心建物ではなく,「西脇殿」として「正殿」に従属するものであり，広さを活かして屋内での儀礼や饗応に用いられる「豊楽殿」的な役割を担う建物。正殿の前面東側にある東面庇付建物は，3棟の中では床面積が最も小さいにも関わらず，柱の規模が最も大きいことから（柱掘形が一辺約1mの方形，柱痕跡が直径約30cm)，柱を下部で足固貫等により緊結しない土間床の構造で，正殿に棟方向で直交する南北建物であることからも，朝堂的な桁行方向に壁を持たない構造の建物と考えた。庇が建物の裏側に付くことになるが，春日大社車舎のように裏側に庇を持つ実例もある。

　次に，復元案検討の具体的過程の一部について紹介したい。発掘調査で分かるのは，柱の数と配置，柱間寸法とおおよそ推定できる柱の直径までである。まず，復元の重要要素である基準尺については，発掘調査の進んでいる「内院」鍛冶山西区画の同時期の主要な建物の実例などから，1尺≒30cmとした。続いて建物の上部構造については，発掘調査で描かれた平面形の上に，建築史学の検討手法により描いていかなければならない。そのため，まず参考と

図14　春日大社車舎

なる建築の遺存例との比較検討が有効だが、平安時代の建築物は遺存する例が極めて少なく、まして今回のような9世紀前葉の例は奈良県室生寺の金堂など極めて限られる。そのため、比較対象の範囲を平安時代後期から一部鎌倉初頭まで広げて検討している。

　建物の屋根素材については、「寮庁」は従五位下相当とされた斎宮寮頭が儀礼等を主宰する場であることから、12世紀の文献ではあるが『新任弁官抄』に斎宮寮頭の在る「中院」(それ以前の記録がないため、11世紀以前のものを斎宮歴史博物館では「寮庁」と呼んでいる)は檜皮葺であったと記載していることから、正殿と、西脇殿の切妻屋根、東脇殿の身舎屋根を檜皮葺とした。正殿との格の差を示すために東西脇殿の庇は板葺とした。

　建物各部の寸法については、その一部だけ紹介したい。代表として「正殿」についてみると、まず建物の格式から高床とみられ、そこに登る階段は斎宮寮頭の格から7段と推定した。階段の蹴上幅(階段の段の高さ)を平安時代の遺存例などから19cm弱とみて、これに縁の上の切目長押の高さを加えて、地面から床までの高さを5尺(1.5m)とした。また、床面(切目長押上端)から内法長押までの高さは、厳島神社の事例から、「柱間寸法:長押高」を「1:1.1」と導き、この寸法を当てている。正殿の場合は1.89mとなった。こうした検討作業を建物の各部で行い、復元建物の検討を進めていった(註4)。

Ⅳ．斎宮跡の史跡整備と活用

図 15　完成した正殿

図 16　西脇殿内部

　この復元建物の検討案は，結果的には文化庁の3回の「復元専門委員会」での審査と，その中でのいくつかの修正を経て，約1年半をかけて平成23（2011）年度にはまとめられ，これに基づき平成24（2012）年度に実際に建築するための実施設計を，史跡整備に実績のある設計コンサルタントに委託して行った。

5. 復元建築工事の着手と工事見学会の開催

　平成24（2012）年に東部整備事業の復元建物の実現に向けて実施設計に着手すると，いくつもの大きな課題をクリアしなければならなかった。

　「建築」とは，人間が活動するための空間を内部に持った構造物を，計画，設計，施工そして使用するに至るまでの行為の過程全体，あるいは一部，あるいはそのような行為によって作られた構造物（この場合「建築物」「建造物」ともいう）そのものを意味する場合もある，とされる。前節で見てきた復元案の計画，策定は建築の設計でも「意匠設計」にあたる。これをさらに「人間が活動するための空間を持った構造物」とするためには，建物の安全性を確保するための「構造設計」が必要となる。東部整備事業の3棟の復元建物案について，構造計算を行ったところ，そのままでは我が国の建築基準法に適合した強度を出せないことが判明した。文化財建造物の場合，建築基準法第3条ではその適用を除外できるとしているが，文化庁とも協議・確認したところ，それは国や地方自治体の有形文化財として指定された既存の建築物の場合や，復元の場合でも，移築された建物を元の場所に戻す場合，あるいは近年，戦争や火災で消失したが，写真や設計図・作事図などが詳細に残っており，オリジナルの形に再現できる場合など，限られた場合にのみ適用除外されるのであり，斎宮跡のように発掘調査で柱穴のみが確認されたものを復元する場合，あくまで「新築」の扱いになるとされた。つまり我が国の制度に従って建築確認申請を行わなければならなかったのである。

　例えば正殿の場合，直径22 cm程度の柱で，棟の頂上部までの高さ約8 mの内部に大きな空間を持つ高床の建物を支えなければならない。壁は横板の落とし込みであり，横方向の強度は構造計算上ほとんど認められず，建築確認を通過できる構造強度を出すためには何らかの補強が必要だった。

　復元建物の構造補強の方法としては，まず，本来の復元建物を建てた上で，その外側から鉄骨などの補強材で支える方法がある。既存の寺社などの文化財建造物を補強しなければならない場合にしばしば補強方法として採用されるものである。しかし，この方法では建物の外観に鉄骨材などが現しとなってしまい，視覚的な意味でも，空間的な意味でも利活用の疎外要因となる。斎宮跡で採用したのは，主な構造材，具体的には身舎柱とそれに取り付く梁の木材の内側に鉄柱や鉄骨を仕込む方法である。この方法なら建物の外観

IV. 斎宮跡の史跡整備と活用

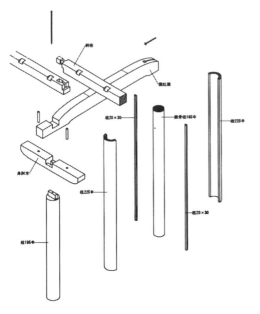

図17 復元建物の構造補強図

に補強材が現れない。これまで各地の史跡で建てられた復元建物でこうした建築方法を取った例は知らないし,「復元」という点では批判的な意見あると思われる。しかし,近い将来に東南海地震が危惧される本地域で,この事業の基本的な考え方にもあるように,「誰もが集い・学び・憩いの場として利用できる親しみの持てる史跡公園」かつ「斎宮を核としたまちづくりと連携」という目的のためには,「実物大の模型」ではなく,人間が内部的にも利活用できる「建築」であり,利活用しやすい外観や雰囲気を保つ事が重要であると考えたのである。もちろん,構造上の補強が必要な箇所以外は極力伝統的な工法に拠るものとしている。

伝統工法にも忠実な復元を行うにあたってもう一つ課題となったのが,東部整備事業地が建築基準法第22条に基づく防火規制を受ける地域であり,これによれば,復元建物といえども可燃性のある素材で屋根が作れないという事だった。東部整備事業地は,史跡斎宮跡の保存管理区分では第一種保存区域にあたり,原則史跡整備以外の史跡現状変更を認めないこととしている。このことから,明和町の都市公園条例の一部を改正していただき,完成後都市公園とする復元建物敷地において,建物の密度を高めるような今後の建築を認めないこととした。また法令上の義務はないが,自動火災報知機や避難誘導灯を設置したり,隣接する町道との境に防火目的の常緑樹を植栽するなどの対策案を示すなど,明和町や県の建築行政当局の支援も受けて復元建物

③ 史跡斎宮跡東部整備事業

図18　木材表面のヤリガンナ仕上げ

部分のみ，防火規制の解除を行い，檜皮や板で復元する屋根が可能となった。
　さらに建物の利活用上の整理として，3棟をすべて同質に建てるのではなく，外観上は復元建物として意匠や雰囲気は揃えていくものの，正殿は「寮庁」の中心であり，斎宮跡にとっても今後シンボルとなっていくことが期待されることから，復元という側面をもっとも強く打ち出した。具体的には，見学を助ける照明や電源設備以外は設けず，その一方で完成後外から見える部分については古代の工具であるヤリガンナで木材の表面を仕上げることとした。これにより手触りまで古代の建物を体感できるものとなった。
　一方，西脇殿は内外観は復元建物とするものの，それに取り付ける形で，様々な利活用の場面に応えられるよう空調設備や，講座等のためのスライドレール式のスポットライト，ハンディキャップを持った方のためのスロープなどを付加している。東脇殿は桁行側に壁がないことから，間接照明と若干の電源だけ整え，あずまや的な使用を想定した設計とした。
　以上のような「設備設計」も加えて平成24年度に復元建物の実施設計が完了し，翌25年度にあらためて文化庁文化審議会第三専門調査会の審議を経て，いよいよ復元建物の建設に進んでいった。
　建築工事の工期は約1年半で，本書執筆段階では平成27（2015）年度秋に公開できるよう工事を進めている。平安時代の復元建物建築という事業で

Ⅳ. 斎宮跡の史跡整備と活用

図19　復元建物工事見学会

図20　復元建物工事見学会

③ 史跡斎宮跡東部整備事業

あり，檜皮葺屋根や伝統的な継手・仕口の工法という事から，復元工事現場そのものが，斎宮歴史博物館にとってサイトミュージアムとしての地域住民や史跡来訪者に向けての「展示室」である事から，基礎工事が終わった平成26年8月から毎月1回の工事現場見学会と，団体の申し込みによる見学を行ってきた。徐々に立ち上がっていく復元建物の過程を定期的にみられるという事，また普段見ることのできない大工や屋根職人らの仕事を見られる事，とりわけ工事請負業者の協力も受けて，3棟の復元建物の工事用素屋根に登って，軒の高さから建物を間近に見学できるようにした事は反響も大きく，第6回以降はほぼ毎回300人を超える見学者が訪れ，平成27年5月の第10回の見学会までに延べ約2,000人，団体見学とあわせると通算約5,500人を超える見学者を招いている。斎宮跡の工事現場は，例えば姫路城天守閣の修理工事や名古屋城本丸御殿の復元工事のような大規模な見学設備やルートを常設しているわけではなく，見学会実施のための予算もほとんどかけずに行っており，博物館職員や運営に関わる様々な人たちの協力により成立している。大勢の見学者への対応のために，工事請負業者から人的，安全管理的に全面的な協力体制を取っていただけたのに加え，受付業務に斎宮ガイドボランティアのメンバーが交代で参加し，明和町と地域住民を代表する国史跡斎宮跡協議会が地元地域に対するPRの上で協力していただいた。そして見学会の盛況は，地元地域からの東部整備事業への期待に繋がっている。

〔註〕
(1)島田敏男「日本の遺跡における建物復元の考え方」『古代建築の研究と復元』独立行政法人国立文化財機構奈良文化財研究所　2010年
(2)『史跡整備のてびき　総説編』文化庁文化財部記念物課・史跡等整備の在り方に関する調査研究会　2004年　第3章第6節参照
(3)『史跡整備のてびき　計画編』文化庁文化財部記念物課・史跡等整備の在り方に関する調査研究会　2004年　第2章第3節3参照
(4)『史跡斎宮跡東部整備事業柳原区画復元建物復元検討委員会資料』三重県　2011年

4 史跡整備とまちづくり

1. 史跡整備とまちづくりの融合

　これまで，遺跡の性格からも遺跡の現状からも「わかりにくい」史跡斎宮跡の歴史・文化的価値をいかに顕現化するかという取組みを紹介してきた。Ⅳ-①の冒頭でも述べたように，史跡は不動産であり，価値の顕現化の一つの方法である史跡整備も，遺跡のある地域と密接な関係のもとに進められることとなる。

　かつて昭和の頃までの史跡整備は，技術的手法も少なく規模も小さかったため，遺構の平面表示や立柱などの半立体表示や説明板など，全国どこでも同じような史跡公園整備が行われた。しかし近年の整備事業は，広大な面積や遺構復元を含む大規模なものが可能になり，地域に与えるインパクトも強くなった。史跡整備の目的も，文化財の保護や史跡を通した歴史・文化の学習の場から，観光の拠点やレクリエーションの場などともなり，さらにそれぞれの史跡の枠を超えて，地域内の他の文化遺産や，文化遺産以外の多様な拠点と線的・面的につながるようにさえなってきた。

　こうした地域への影響を強めた史跡整備事業を，地域のまちづくりにとって有効なものとするには，それぞれの文化遺産の個性と地域の関係を踏まえた整備が必要だろう。

　東部整備事業の検討にあたっても三つの基本方針としてあげたとおり，地域のまちづくりとの連携を強く意識している。

① 「史跡斎宮跡の特性を活かした，新しい機能と付加価値を創造する」という事に対しては，復元建物や区画道路を中心とした平安時代の斎宮を体感できる場を整え，特に復元建物は「現代の建築」として活用できるものとした。

② 「誰もが集い・学び・憩いの場として利用できる親しみの持てる史跡公園とする」事に対しては，平成23年度の「活用検討チーム」のように，地域住民のアイデアや意見を集める場を作り，事業の着手段階から地域に事業の進捗状況を説明してきた。また，平成22年度から，史跡整備の内容を広く伝えるとともに，文化財保護や歴史・文化の理解にとどまらない多様な意義について考え，気づくための「斎宮跡の史跡整備を語るつどい」

4 史跡整備とまちづくり

を10回にわたって開催してきた。各回ごとにテーマを設け，史跡整備の内容の紹介や地域に及ぼす効果，史跡整備の効果を高めるための先進地事例の紹介などを行った。実施したテーマは「復元建物の実施設計」，「史跡整備とまちづくり」，「史跡公園と植栽・景観」，「史跡整備と地域振興（観光）」，「文化遺産と地域力」，「復元建物の実施設計と利活用」，「庭園の歴史から史跡公園の植栽を考える」，「史跡の保全と活用をみんなで考えるには」，「まちづくりの手法と史跡斎宮跡」，「人がつなぎ，町がにぎわう！文化遺産の活用法」といったものである。講演会形式やシンポジウム形式など，形態も様々である。毎回数十人の参加があり，史跡整備への期待と関心を高め，職員自らも学んでいく上で大いに役立ったと考えている。

③「地元地域の斎宮を核としたまちづくりと連携するもの」という事に対しては，平成21年度に明和町は「斎宮跡を活かした町の活性化基本方針」を策定しており，この方針と連動した史跡整備を進めてきた。この方針は県の史跡整備事業とタイミングを合わせ，観光的・地域振興的な活性化のために県・町・住民の行動計画を示したものである。ここでは住民がより一層斎宮を知ることで，まちづくりへのモチベーションを高めていくことや，斎宮の認知度を高めていくためのブランド野菜など創出や，「斎王・斎宮の日」の制定，斎王の群行の関連自治体とのサミットなど，ユニーク

図21 斎宮跡の史跡整備を語るつどいシンポジウム

Ⅳ. 斎宮跡の史跡整備と活用

なアイデアが盛り込まれている。
　平成24年度からは，明和町では文化財部局と観光部局が一体となって斎宮跡・文化観光課が発足し，その業務にあたっているが，6月には，「地域における歴史的風致の維持及び向上に関する法律」(歴史まちづくり法)に基づく「明和町歴史的風致維持向上計画」が国から認定された。地下に残る「遺跡」を核としたこの計画は全国的にも画期的なものといえる。今後は，この計画に基づき，排水等の生活基盤に関わる整備や，地域交流的な施設，史跡外からの案内看板の設置など，従来の史跡整備事業だけではできなかった，多彩な文化遺産の整備が可能になり，その多くがすでに着工されている。県の東部整備事業もこの計画の中に位置づけられており，今後相乗効果が期待される。加えて今年，平成27年4月には，明和町からの申請により文化遺産による地域振興・観光振興を目指した文化庁の新たな事業である「日本遺産」に，斎宮跡と他の町内の有形・無形の文化遺産を組み合わせて，斎宮と斎王にまつわる地域の歴史・文化のストーリーが，「祈る皇女斎王のみやこ斎宮」として他府県の17の事例とともに第一号の認定を受けた。このように東部整備事業は，明和町の史跡を中心としたまちづくりと大きく連動しており，その中核の一つともなっている（Ⅳ-[2]-3参照）。

2. まちづくりにおける斎宮跡の東部整備事業の意義

　Ⅳ-[1]の冒頭で史跡斎宮跡は「わかりにくい」文化遺産であることは述べた。また，加えて斎宮跡は非常に広大で，現代の住民の生活との調和を模索しながら史跡整備を進めてきたこともこれまでに述べた。
　東部整備事業も「斎宮」を現代にわかりやすくビジュアルに伝達することで斎宮跡に新たな付加価値を創造することを目的としている。我が国唯一の特異な性格の斎宮の理解は，古代の天皇家や中央政府と神宮の関係を通して我が国の根幹的な部分に迫れるものである。
　しかし，それだけでなく文化遺産の視覚化の試みは，地域や共同体内での文化遺産の価値の共有化に大きく役立つのではないかと実感している。地域住民らの実行委員会により30年以上にわたって毎年開催されてきた「斎王まつり」は，地元婦人会のイベントからスタートしたが，斎宮跡の史跡整備の進捗にあわせて発展拡大し，現在は毎年3万人以上が集まる大きなイベン

4 史跡整備とまちづくり

図22　斎王まつり

トに成長している。他にも「いつきのみや観月会」や「梅まつり」など，整備事業地を活かしたイベントも増え，「斎王まつり」で公募から選ばれる斎王やそのOGの活躍も増してきている。これは史跡整備や土地公有化により住民が史跡の外に出されていくような形で住民と文化遺産が隔絶していては不可能なことである。

　史跡斎宮跡の利活用は，各ステークホルダーの持つ役割は変わらないものの，県から町へ，そして住民や民間団体などへ少しずつ軸足を移しつつある過渡期にあるともいえる。その中で東部整備事業は，今までになく斎宮跡のイメージをわかりやすくビジュアル的に伝えるものとなっている。これには「斎宮跡の史跡整備を語るつどい」や「復元建物工事見学会」も，イメージの伝達に大いに役立っていると考える。東部整備事業での建物や区画道路の復元により，斎宮がどんな場所であったのか，斎王や斎宮寮頭がどのように日々を営んでいたのか，平安時代の斎宮整備の国家的意義はどのようなものであったのかが理屈抜きで感じていただけるようになり，斎宮跡と地域の距

Ⅳ．斎宮跡の史跡整備と活用

図 23　いつきのみや観月会

離を縮めるのに役立っていると感じている。
　今回の整備事業地は，有名な「伊勢物語」第 69 段の在原業平とみなされる「狩りの使」と斎王の偲び会いや，斎宮寮頭との宴会の場面，「更科日記」第 67 段で，貴人源資通が筆者の菅原孝標女に語った，御裳着の勅使として斎宮にわたった際の冬の月の夜の趣きを彷彿とする場所でもある。復元した区画道路は，平安時代終り頃には伊勢へ向かう源頼朝や平清盛，西行法師が通った道と考えられる。このように東部整備事業は形だけでなく，斎宮の歴史性から生まれる様々なコンテンツを具体化して見せられる場ともなっており，こうしたコンテンツの蓄積は，「わかりにくい」斎宮跡を通訳する語彙を豊かにしていくことになると考えている。さらには「更科日記」で愛でられる月の眺望を大切にすることなどにより，景観などへの配慮が進むなど，地域全体の美意識を磨くことにつながれば，結果的には地下の遺構の保護にもつながるのではないだろうか。
　文化遺産の保護・活用と現在の住民生活とのバランスを模索し，史跡整備

や利活用の「斎宮」モデル,地方の歴史文化という個性の表れである文化遺産が文化振興や観光振興を通して,まちづくりの有効な手立てとなる実例モデルの構築を目指すマイルストーンに,東部整備事業地があり続けられるようにならなければいけない。

3. ハードの整備からソフトの整備,さらにコミュニケーションの構築へ

　今回の東部整備事業はまちづくりを強く意識したものとなっているが,これまで見てきたように,決してハードの整備のみを推し進めているのではない。これからの人口減少の時代,単に観光開発先導的な史跡整備は,自治体の税収が減少すればいずれ淘汰され,維持できなくなるのである。持続的に維持し利活用する仕組みの確立が必要なのである。史跡整備においてその観光的側面は否定できないが,かつてブームを起こし,丘陵全体を国営公園とし,数十棟の復元建物を建設した吉野ケ里遺跡でも来訪者は年間約60万人ほどと聞く。わが三重県の伊勢神宮で平成25年度で年間約1,420万人,さらに寺社が集中し,年間5,000万人を超える京都や3,000万人を超える巨大テーマパークなどとは,史跡整備地の集客力はそもそも桁が違うのである。その上,すべての史跡整備地が吉野ケ里遺跡のような広大な国営公園になるわけでもない。一方,そこには住民の生活はないし,巨大な投資も求められるのである。史跡指定地内に私鉄線が走り,小学校や近世街道の集落を内包する斎宮跡ではそもそも同じ整備手法はあり得ない。史跡整備は,それぞれの史跡の歴史的性格,地形などの自然条件,近隣の交通体系や住民などの地域的条件により在り方が異なるし,むしろ地域に適正な見学者・観光客の入込数や利用者を想定したバランスを考慮しなければならない[註1]。斎宮跡では斎宮跡ならではの史跡整備モデルを構築していかなければならないのである。斎宮跡の整備については,①文化財としての歴史的・文化的価値を伝える要素,②外部からの観光客を受け入れる観光地要素,③地域住民の憩いの場として地域の力で支え,維持される地域コミュニケーションの場としての要素の3要素が,ほぼ均等にバランスよく整えられていくことが最良の姿ではないかと,筆者は考えている。

　そのモデルの中では,博物館や復元建物,休憩所や案内看板はおおむね行政が担っていくことになるだろう。次にこうしたハコモノを運用していくの

Ⅳ．斎宮跡の史跡整備と活用

は行政も関わるが，斎宮跡であれば公益財団やボランティアも関与している。しかし，史跡内の整備が進展し，観光要素が伸長してくれば，住民，行政，ボランティア，各種団体といったステークホルダー間の調整，特に史跡としての在り方への意識について一定程度の共有が必要になる[註2]。協働会議などの調整機能が必要にもなるだろう。住民生活と観光などの経済活動の間には時として摩擦も生じるかもしれない。しかし，様々な考え方はあるにせよ，斎宮跡を活かした地域のまちづくりを進めるという地域エゴを超えた共通の目標設定と，そして何よりも斎宮跡を核として地域住民や関係団体がコミュニケーションの密度を増し，時代性と経済性も考慮した，斎宮跡のこれからのあるべき姿や，行政の立場にある筆者らでは思いもよらないような新しい斎宮跡の意義や価値観を生み出せる，地域に積極的に参画する「市民」により，そうした絵が描けてこそ，文化遺産の保護の現代的な意義が生まれる[註3]，また文化遺産を核としたコミュニケーションの発展があってこそ，地域の持続的な活力が生まれると信じている。平成31（2019）年度には斎宮跡の発掘調査は50年目を迎える。民間開発事業を契機とした発掘調査から地域住民と行政，各種団体がともに積み上げてきた，文化遺産の保護と利活用の到達点である「斎宮モデル」を提示できる日も決して遠くはないと信じている。

〔註〕
(1) 西山徳明「文化遺産マネジメントとツーリズム」『遺跡学研究　第5号』日本遺跡学会　2008年
(2) 稲葉信子「文化遺産マネジメントの時代へ」『文化遺産の世界』国際航業株式会社　2006年
(3) 中川幾郎『新市民時代の文化行政』公人の友社　1995年

（大川勝宏）

あ と が き

　斎宮跡の発掘調査は，1970年から46年が経過し，その成果は斎宮跡解明に大きく貢献してきた。この調査研究の進展は，国史跡に理解をいただいた地権者をはじめとする地域住民，文化庁など関係者の努力が結実したものである。平成21（2009）年7月10日付で，斎宮跡出土品2,661点が国の重要文化財（考古資料）に指定され，斎宮跡にかかる文化財保護をより強固なものとすることができた。

　本書は，「律令国家と斎宮」を主題としたものであり，律令体制形成から確立するまでの時期を中心に記述したものである。平安時代中期以降，中央において摂関政治への移行に伴い，天皇権力が後退するなかで斎王制度も大きく変質する。この時期以降の斎宮跡の解明は，飛鳥・奈良時代の斎宮跡の解明と相まって，多くの課題を抱えており，今後の大きな研究テーマである。

　斎宮跡では，発掘調査の進展により史跡整備も並行して進められ，地域の文化遺産として保護，活用される状況も大きく躍進しており，平成24（2012）年6月には「地域における歴史的風致の維持及び向上に関する法律（歴史まちづくり法）」にも選定され，地域にねざした史跡として研究と活用が大きく前進している。

　最後になったが，本書の刊行にあたり，独立行政法人国立文化財機構奈良文化財研究所飛鳥資料館，東北大学付属図書館，公益財団法人京都市埋蔵文化財研究所，宮内庁正倉院事務所，斎宮歴史博物館，明和町には写真等の掲載にあたりご高配をいただき，ここにお礼申し上げます。

2015年12月

駒田利治

考古調査ハンドブック13
律令国家と斎宮

平成28年1月25日　初版発行
〈図版の転載を禁ず〉

当社は,その理由の如何に係わらず,本書掲載の記事(図版・写真等を含む)について,当社の許諾なしにコピー機による複写,他の印刷物への転載等,複写・転載に係わる一切の行為,並びに翻訳,デジタルデータ化等を行うことを禁じます。無断でこれらの行為を行いますと損害賠償の対象となります。 また,本書のコピー,スキャン,デジタル化等の無断複製は著作権法上での例外を除き禁じられています。本書を代行業者等の第三者に依頼してスキャンやデジタル化することは,たとえ個人や家庭内での利用であっても一切認められておりません。 連絡先：ニューサイエンス社 著作・出版権管理室 Tel. 03(5449)7064 JCOPY 〈(社)出版者著作権管理機構 委託出版物〉 本書の無断複写は著作権法上での例外を除き禁じられています。複写される場合は,そのつど事前に,(社)出版者著作権管理機構(電話：03-3513-6969,FAX:03-3513-6979,e-mail：info@jcopy.or.jp)の許諾を得てください。	編　者　駒　田　利　治 発行者　福　田　久　子 発行所　株式会社 ニューサイエンス社 〒108-0074　東京都港区高輪3-8-14 電話03(5449)4698　振替00160-9-21977 http://www.hokuryukan-ns.co.jp/ e-mail：hk-ns2@hokuryukan-ns.co.jp 印刷所　大盛印刷株式会社 © 2016 New Science Co. ISBN978-4-8216-0525-5 C3021